稲沢 公一〔著〕

福祉の論理

「かけがえのなさ」 が生まれるところ

誠信書房

はじめに

●福祉の論理式●

本書は，福祉の論理を探し求めていくものです。

「福祉」と「論理」とは，いかにも不自然な，あるいは，ありそうもない組み合わせに見えます。「福祉がどのような論理に基づいて行われているのか」などという問いそのものに，強い違和感を覚えるかもしれません。というのも，福祉とは，理屈ではなくハートで行われるものだ，というイメージが一般的だからです。そのため，福祉について論理を語るなど，お笑いぐさにすぎないと思われても仕方ありません。

とはいえ，福祉が何の論理にも基づくことなく，行き当たりばったりで行われているのかといえば，そんなことはありません。百歩譲ってハートで行われているのだとしても，ハートにも一定の論理があるからです。

ただし，その論理は，たしかにかなり奇妙です。

A＝非A「Aイコール非A」（AはAではない）

これが本書の終盤で提示する福祉の論理式です。一見すると，こんな式は成り立つはずもない，と思われるかもしれません。あるいは，そもそもこんなものを論理などと呼んでいいのか，という疑問も浮かびます。

というのも，わたしたちは普段から，「AはAである（A＝A：花は花である）」といった論理が当たり前だと思っているからです。そのため，こうした常識に真っ向から反する，「AはAではない（花は花ではない）」などという式が成り立つことはありえないと思ってしまいます。

そして，実際，この式が現実において自然に成り立っているなどということはありません。現実では花は花であり，犬は犬です。それ以外の何もので

もないからです。

ところが，わたしたちは，そんな現実と向きあう際に，この奇妙な式を成り立たせることができます。というより，実際に成り立たせながら日々の暮らしを営んでいます。たとえば，わたしたちは，花は花ではなく，こころのこもった愛情のあかしとして受けとめ，犬は犬ではなく，かけがえのない家族の一員として接することがあります。

たしかに，この式が現実において勝手に成り立つようなことはありません。しかし，わたしたちは，この式をいつでも成り立たせることができます。さらに言えば，わたしたちは，この式を成り立たせることによって現実を生きています。そして，これから見ていくように，福祉と呼ばれている活動や働きかけは，この式に基づいて行われます。

また，福祉だけにとどまらず，たとえば，生まれたばかりの赤ん坊をいとおしむとき，あるいは贈り物をいただいてお返しをするとき，さらには，亡くなった人をていねいに弔って葬送するときなど，あまりにも当たり前のこととして何ら気にすることのないようなことについても，わたしたちはこの式を成り立たせながら行っています。

反対に，もし，この式を成り立たせることがなければ，わたしたちにとって，赤ん坊はただの厄介者にすぎず，人に贈り物をしたりお返しをしたりしようなどと思うことも，なくなってしまいます。

そして，最終章で見ていくように，自分自身や家族をはじめとする周囲の人々について，ほかの誰とも決して取り替えることのできない「かけがえのなさ」を感じることがあるとすれば，そのときにも，わたしたちはこの式を成り立たせています。

逆に言えば，この式は，わたしたちにとっての「かけがえのなさ」が生まれるところを表しているのです。

●福祉のイメージ●

さて，本書が取り上げる「福祉」とは，誰にも耳慣れた言葉ですが，あらためて「福祉って何？」と聞かれると，何となく分かってはいるものの，す

ぐにはっきりとした答えが浮かんでくるわけではありません。

　このように，福祉について，言葉で説明することは少し難しく感じられますが，何のイメージもわかないなどということもありません。たとえば，誰かが高齢者のかたわらに座って食べ物を口へ運んでいるところとか，車イスを押しながら乗っている人と談笑しているところとか，あるいは，おそろいの帽子をかぶった幼い子どもたちが公園で遊んでいるのを見守っているところなど，実際に見かけることも少なくないでしょう。

　いずれにしても，福祉という言葉を聞くと，わたしたちは何らかのイメージをいくつか思い浮かべることができます。それらは，日々の暮らしの中で，何の違和感を覚えることもない，ありきたりの活動やふるまいであるといえます。ところが，こうしたふるまいに共通しているのは何なのだろうかと考えてみると，やはり言葉に詰まってしまいます。

　たしかに，福祉をめぐっては，さまざまなイメージを作ることができます。しかし，福祉という名の下で浮かんでくるイメージに共通しているのはどのようなことなのかと問うてみると，何となく分かっているような，しかし，やはり言葉にならなくて，もどかしさを感じるばかりです。

　本書は，福祉と呼ばれている人々の活動やふるまいのさまざまな場面において，どのようなルールが働いているのかといったことを検討しながら，論理のレベルでその共通性を明らかにしようとするものです。

　ただし，本書では，福祉を定義づけるようなことは行いません。反対に，そもそも福祉を一つに語ることなどできないということを前提にしています。そのため，以下では角度を変えながら，次から次へと，「福祉とは……」と言い換えていくことになります。そのうえで，それらの最奥で作動している論理をあぶり出そうというわけです。

●「福祉」と「社会福祉」●

　ここであらかじめ確認しておきますが，一般に言われる「社会福祉」は，高齢者や障がいのある方をはじめ，子どもたちや生活に困っている方などが利用できるように定められたさまざまな制度や，それに基づくサービスと

いった仕組みを総称する言葉です。その対象となる範囲は拡大の一途をたどり，多岐にわたる分野をカバーしていて，その全体像をつぶさに見渡すことが容易ではないほどに複雑です。

それに対して，本書が用いる「福祉」は，もっと素朴な言葉です。そこには，困っている人に手を差し延べるといった何げない行いや気づかいも含まれています。すなわち，必ずしも社会的に定められた制度やサービスに限られるのではなく，その手前のありふれた働きかけやふるまいにも焦点を当てています。そのため，以下では，社会的な制度やそれに基づいて行われているサービス活動については，あえてカギ括弧つきで「社会福祉」と表記することにします。

本書で取り上げる福祉は，制度に基づく「社会福祉」だけでなく，人が人を助けるといったどこにでもある素朴で身近なふるまいをも含む，あいまいで幅広い言葉です。

●**本書の構成**●

本書はまず，このように漠然とした福祉について，そうしたふるまいが開始される出発点を見定めることから始めます（第1章）。

次に，その出発点において，わたしたちがどのような基本方針に従ってふるまったり働きかけたりしているのかといったことを検討し（第2章），そこには二つのルールが作動していることを確認します（第3章）。また，それぞれを「市場ルール」「福祉ルール」と名づけたうえで，これらのルールが抱えている特徴や問題点などを整理します（第4・5章）。

さらに，これら二つのルールがバランスを失うとき，わたしたちの生き方に対してどのような影響を及ぼし（第6章），あるいは，どのような考え方が生まれてくるのかといったことを見ていきます（第7章）。そして，ルールに基づく人々の動きに焦点を当てながら，そこで生じる変化を記号で表し（第8章），贈り物のやりとりなどまったく異なる領域においても同様の変換が行われていることを確かめます（第9章）。

また，二つのルールを表す変換式について，それらをさらに根底で成り立

たせている基本の論理を見定めます（第10章）。それが冒頭でふれた「Ａ＝Ａ」と「Ａ＝非Ａ」という正反対の論理です。そのうえで論理の中身を意味全般へと拡張し，意味の論理について概観することを試みます（第11章）。

最後には，福祉の論理である「Ａ＝非Ａ」に基づくことによって，わたしたち一人ひとりにとっての「かけがえのなさ」という意味が生まれてくることを見ていきます（第12章）。

●非合理の論理学●

以上のような流れで論が展開していくため，実証的な根拠であるエビデンスに基づいて論じることが重視される昨今の風潮からすれば，稚拙な空論にすぎないようにも見えます。

しかし，ここで探求していく論理は，そうした根拠となる事実そのものが生まれてくる地点において作動しているものであって，事実を重ねていくことでとらえるなどということができません。そのため，一定の前提を立てたうえで，そこから論証を積み上げることによって探っていくしかないのです。

そのため，本書では，帰納的な社会科学ではあまり用いられることのない，演繹的に論理を積み上げていくアプローチが採用されています。また，たどり着く先が「Ａ＝非Ａ」などという理屈に合わない論理式になりますので，本書はいわば「非合理の論理学」ということになります。

そして，現在でも福祉の論理が作動していることは気づかれにくいものなのですが，今問題なのは，この論理を別の論理に置き換えてしまおうとする傾向がますます強くなっており，福祉の論理がいよいよ見えにくくなりつつあるということです。

とはいえ，もし，福祉の論理を見失ってしまうようなことになれば，わたしたちの生は，酸鼻をきわめたものになってしまいます。だからこそ，福祉の論理をめぐっては，わたしたちが暮らしの中で，それをいかに成り立たせてきたのかということについて，今一度，確認しておくことが必要になっているのです。

まずは，福祉についての素朴なイメージを手がかりとして始めていきます。

■コラム０：語源の確認

　本論に入る前に,「福祉」を構成しているそれぞれの字の語源を, 確認しておきましょう。

　「福」と「祉」というそれぞれの字において, 左に置かれた「ネ」(しめすへん)は, 神をまつる祭壇の形を表しています。そこから, 神(霊・天神・土地神など)や祭り, 運などに関連することを示す言葉につけられるようになりました。

　また,「福」の右にある「つくり」の「畐」(ふく)は, 品物がたくさん入っている倉の形や, 徳利に酒をたっぷり満たしたさまを表しているとされています。したがって,「福」という字は, 神の所在を示す祭壇と, もののいっぱい詰まっている倉を合わせて「神の恵みが豊かなこと」を表し,「幸せや恵まれた状態」を意味しているとされています。

　さらに,「祉」という字の右側は「止」という字なので,「神が止まる」ということを表しており, 神の恩恵がその身にとどまる様子から, 幸せであることという意味が示されています。

　このように, 語源から見ていくと,「福」も「祉」もつまるところは幸せを表しているのですが, ただしそれは, 現代風の努力や才能などによって得られる個人的な幸せではありませんでした。

　まず, 古代の人たちにとって「幸せ」とは, そもそも人間の思いどおりに得られるようなものではなく, まさに天や神による恵みによって得られるものだったと言えます。また, 自分一人が得るものではなく, 共同体全体での食べ物が豊かであるように, みんなへの恵みであったとも言えます。

　こうして, 福祉の語源は, いずれも「幸せ」につながっていますが, それは, 恵まれたものであり, みんなのものであったわけです。

▶空海の使用例

　古代において, この「福」と「祉」をまさに人々みんなの「しあわせ」「さいわい」という意味で用いた人として, 平安初期に真言宗を開いた空海(774-835)を挙げることができます。

　空海は今の香川に生まれ, 10代半ばから奈良や京都で学問を修めていまし

たが，その後は山林等にて修行をしながら仏教に親しんだとされています。30
歳ごろ，詳細は不明なものの唐に渡る機会を得て，長安で青龍寺の恵果に師事
し，半年もたたないうちに密教の奥義を伝授されました。

　恵果は身体をこわして長くは生きられないことを自覚しており，実際，空海
へと伝授した年の暮れに亡くなります。そして，死を前にした恵果は，空海に
向けて「早く本国に帰って教えを広め，人々の福を増すようにしなさい（「天
下に流布して，蒼生の福を増せ」）」と言い残したとされています（『請来目録』
傍点引用者）。

　また，遣唐使とともに中国へ渡った空海には，留学生として 20 年間という
滞在期間が定められていました。しかし，わずか 2 年ほどで奥義をきわめ，学
ぶべき師も亡くなり，その師から早く日本に帰るよう促されていたこともあっ
て，空海は恵果の埋葬を終えるとすぐさま長安を後にして港へと向かいます。
そして，ちょうどそのときに渡来した遣唐使に，共に帰国したいとの願いを表
明するのですが，そのときの文章には，自分の学び終えた密教が「仏教の中心
であって，国を安定させ，災いを払い，祉いを招くの摩尼（宝）」であると記さ
れており，帰国を許されることになりました（「本国の使と共に帰らんと請う
啓」カッコ内引用者）。

　このように，空海にとって恵果から伝えられた密教は，たしかに当時の仏教
における最先端の教義ではありましたが，その根本は，福祉を招いて人々みん
なを幸せにする教えとして位置づけられていたのでした。

目　　次

第1章 素朴なイメージから

1．食事介助風景

　ここでは，福祉という言葉から浮かぶ素朴なイメージとして，どこか食堂のようなところで，職員がかたわらにいる高齢者の口に食べ物を運んでいる場面を思い浮かべてみましょう。施設において，職員が行っている高齢者への食事介助の風景です。

　もちろん，福祉のイメージが食事介助につきるなどということはありません。とはいえ，福祉という言葉から，こうしたイメージが浮かんでもおかしくはありません。そこで，とりあえずこうした風景を手がかりにしながら進めていきます。

●二つの見方●

　まず，こうしたイメージに対しては，少なくとも二つの方向から見ることができます。

　一つは，介護をしている職員に焦点を当てることです。懸命にお世話しているその姿に，一方では大変だなと思いつつも，もう一方では人のぬくもりのようなものを感じて，ほほえましく思うことができます。まさに，ハートで行われている福祉のイメージを読みとるわけです。

　また，もう一つの見方は，介護されている高齢者に目を向けることです。介護されているということは，自力では食べることができないということを表しています。だからこそ，一人で暮らすことが難しかったり，あるいは，家族がいても，日中は送迎してもらって施設で入浴したり，職員によって介

護をされたりすることがあるというわけです。

　そして，これが福祉という言葉から浮かんでくる素朴なイメージの一つだとするとき，わたしたちはこのイメージのどこを，あるいは何を，福祉と呼んでいるのでしょう。すなわち，この高齢者にとって何が福祉なのでしょう。施設でしょうか，職員でしょうか，あるいは，介護されていることでしょうか。

●施　　設●

　まず，施設は，福祉にとって必ずしも必要というわけではありません。

　福祉というと，かつては施設で行われているものというイメージも強かったのですが，現在では地域での生活が重視されており，生活することができるのであれば自宅でもグループホームでもかまいませんし，1週間のうちの何日かの日中に施設を利用したり，ひと月のうちの何日か施設に泊ったりすることもできます。

　つまり，施設がなければ福祉が成り立たないわけではなく，施設は利用できればとても便利ではあるものの，福祉にとってどうしても欠かすことのできない条件である，というわけではないのです。

　では，職員でしょうか。

●職　　員●

　ここでの職員というのは，家族や親戚などといったもともとの人間関係がないのにもかかわらず，仕事として包括的な介護にたずさわってくれる方を指しています。実際，家族などの関係のある人が身近にいなかったり，事情があって関係が途絶えたりしている場合には，仕事としてかかわってくれる人による手助けが必要となります。

　しかし，家族などのかかわりが少しでも可能であれば，先ほどのイメージを成り立たせることはできます。すなわち，職員の方もまた，福祉にとっての不可欠な条件というわけではない，ということになります。つまり，施設があれば，そして職員の方がいれば，どれほど自分で動くことが難しい方で

あっても，あるいは頼ることのできる人が見当たらない方であっても，福祉のイメージを作り出すことができるのはたしかです。

　とはいえ，施設も職員も，福祉にとってどうしても欠かすことができない条件であるというわけではなく，暮らしていける場があれば，そして家族などによるかかわりが期待できるのであれば，そのイメージを成り立たせることはできます。

●介護されること●

　上記をふまえると，この高齢者にとって，福祉のイメージづくりに欠かせない条件として残っているのは，介護されていることになります。ここでは，自分で食事をとることができないという問題が，介護されることによって解消され，日々の暮らしが成り立っているわけです。くり返しますが，これは手がかりとするイメージとして設定した場面であって，福祉が食事介助に限定されるなどということはありません。

　では，こうした介護から福祉について考えていくことにするとして，次に，介護が行われない状況というものについて考えてみます。

2．介護が行われないとき

　万が一にでも，高齢者のかたわらにいる職員が介護を行わないようなことがあったとしたら，それは職員として決して許されることではありません。このような状況設定は，いくら仮定であるとしても，ためらわれるほどのものです。

　こうした事情は家族であっても同様であり，自分では食べることができない人を放置しておくなどということが，あってはなりません。そのようなことがあれば，もはや家族とは呼べなくなるほどです。

　いかなる状況であっても，食べ物を提供しなかったり，介護を行わなかったりするなどということは，あってはならないことですし，許されることではありません。

● 「ありうる」こと●

　しかし，ここがポイントになるのですが，それが「あってはならない」ことであり，「許されない」ことであるということは，逆に言えばそれは実際に「ありうる」ことであり，また「行うことができる」ということを意味しています。つまり，わたしたちは困っている人や自力では立ちゆかない人たちに対して，手助けをすることもできますが，同時に，いつでも目を背けて見なかったことにすることもできます。

　そのようなことが実際にありうるからこそ「あってはならない」のであり，程度の差はあれ行うことができるからこそ，「許されない」というわけです。そもそもできないことを禁止する必要はありません。できるからこそ，してはならないこととされ，ありうるからこそ，あってはならないこととされるのです。

　このことは，言うまでもなく，目を背けてもいいなどということを意味しているわけではありません。これはただ単に，わたしたちはいつでも見なかったことにするができるという，単純とも言える当たり前の事実を示しているにすぎません。

　そういう意味では，見なかったことにして放置するなどはまず起こらないにせよ，本当はこうしたほうがいいけれど面倒だからこの程度にするぐらいの「手抜き」なら，福祉とは関係なしに，わたしたちの日常で限りなく思い浮かべることができます。

　もちろん，そうしたことをすべきではないとか，もっと真剣に取り組まなければならないなどといった方向に話を向けたいわけではありません。事実としてそういうこともありうるということをまずは確認しただけです。

　このように，実際，「あってはならない」ことですし，許されるわけもないのですが，いつでも誰でも，目を背けたり手を抜いたりすることができるという事実をふまえたところから始めていきます。

3．目を背けることができるからこそ

　困っている人を助けないことがありうる，すなわち，見なかったことにすることができてしまうという事実を前にしたうえで，あらためて，福祉についてどのように考えていけばいいのでしょう。

●福祉の出発点●

　まず，目を背けることができるという事実を前にしながら，目を背けないこともできるという事実を挙げることができます。

　わたしたちは，目を背けることなく向き合って踏みとどまることができますし，そうすることがたしかにあります。目を背けることができるのであれば，実際に見なかったことにするのはいつでも可能です。ところが，人は，たとえ見なかったことにすることができるとしても，あえて目を背けないこともできます。

　これもまた，目を背けてはいけないとか，見なかったことにするべきではないなどということではなく，ただ単に，背を向けることもできるのに向き合って踏みとどまることもできる，という事実を示しているにすぎません。

　そして，このように，目を背けることができるという現実の中で，しかし向き合っていくと決めることに，福祉の種子がひそんでいます。というのも，そこでもし見なかったことにしてしまえば，そこから先にはいかなる意味でも，福祉という活動やふるまいが成り立つことはないからです。

　そのため，少なくとも困っている人がいるという状況に対して，好むと好まざるにかかわらず，目を背けず向き合っていくことが福祉の出発点であるということになります。福祉はこの地点から始まります。

　まずは，このことを確認しておきます。

●踏みとどまること●

　先ほどのイメージで言えば，その場が施設でなくても，それが職員による

ものでなくても，自分の力では食べることのできない高齢者の口に食べ物を運ぶことが，どこかで誰かによって行われていれば，そこに福祉の素朴なイメージが成り立ちます。

　わたしたちは，困っている人や苦しんでいる人たちを前にしながらも，目を背け，見なかったことにして，さらには背中を向け，立ち去ることができます。あえて表現を強めれば，見捨てることができるのです。しかし，そういうときに，目を背けることなく向き合って，その場に踏みとどまることもできます。そのうえで，介護するなどの働きかけを行うわけです。

　したがって，福祉とは，何らかの問題状況に向き合ったうえで，必要に応じてその状況を改善していこうとする活動やふるまいである，ということになります。さらに，何をすればよいのかという見当もつかず，なすすべもなくうろたえるばかりであったとしても，まずは，何とか踏みとどまることがあります。そのとき，福祉が現れます。

4．「目を背けない」とは

　先に見てきたのは，まず，困っている人や苦しんでいる人を前にして，わたしたちは一方で目を背け，立ち去ることができるということでした。しかし，同時にわたしたちは，かける言葉も浮かばず，どうすればいいのかも分からないまま，それにもかかわらず，目を背けることなく，その場に踏みとどまることもできます。

　そのとき，福祉が姿を現します。ここが福祉の出発点です。では，この「目を背けない」とは，どういうことでしょう。

●受けいれること●
　ある人から目を背けるとは，その人が望ましくない状況に置かれていても，それに気づきながら，しかし何らの手助けもせず見なかったことにして，自分とは関係がないという態度をとることであると言えます。つまり，その人とのかかわりを拒絶することであり，受けつけないことを意味してい

ます。

　そうであるとすれば，反対の目を背けないこととは，その人がどういう状況に置かれていても拒否することなく受けいれることであり，そのうえで，何とかしようとすることであると言えます。何とかしなければと思う限りで，そこには何らかの問題が生じているわけですが，その問題から逃げずに向き合ったうえで何らかの対処を行おうとするわけです。

　このように，目を背けないということには，何らかの問題がある状況をいったん受けいれることと，その問題に対処することといった，二つの側面が含まれています。ここでのイメージで言えば，受けいれている問題状況は，この高齢者が自分では食事をとることのできないということであり，それをふまえた対処としては，介護を行うことになります。

　対処することについては，ここでのように食事介助を行うこともあれば，「はじめに」のイメージのように，車イスを押すとか，子どもたちを見守るなど，さまざまなことが想定されます。

　では，それぞれの状況において，何が受けいれられているのでしょう。

●受けいれられる「人」●

　受けいれられているのは，人です。自分で食事をとることができない高齢者，車イスがないと移動が難しい人，放っておくとどこかに行ってしまう子どもたちです。

　さらに単純化します。ここに「できない人」がいるとします。何ができないのかは特に限定しません。ここでのイメージで言うと，自分で食事をとることができない，ということになります。あるいは，「できない」だけでなく，もっと幅広く「困っている」「苦しんでいる」などということでもかまわないのですが，とりあえずは何かが「できない」といったことで表してみます。

　もちろん，わたしたちは，誰しも「できない」ことにとり囲まれています。あとでもふれるように，人とは，おしなべて「できない人」であると言ってもよいほどです。

　また，ここまで述べてきたのは，「できない人」がいるときに，そこから目を背けて見なかったことにすることもできる，ということでした。しかし，福祉は向き合うことから始まります。ここが福祉の出発点です。

●基本の構図「できない人」●

　ここでのポイントは，「できない人」が二つに分けられるということです。「できない」ことと「人」です。あるいは「困っている人」であれば，「困っている」ことと「人」に分けることができます。

　そして，福祉がまず受けいれるのは，このうちの「人」です。どのような人であっても受けいれます。見捨てることはありません。それが，福祉の出発点です。「できない」ことについては，食事介助であれ，車イスを押すことであれ，遊んでいるのを見守ることであれ，いずれにしても何らかの対処がなされます。

　「できない人」がいます。そのときはまず，「人」を受けいれます。次に，「できない」ことについて，改善に向けた対処をします。つまり，ここには，受けいれることと対処することといった，二つの側面が含まれているということになります。

　このように，福祉は二つの側面で成り立っています。これが，以下でもくり返し参照する「基本の構図」です。つまり，福祉についての多様なイメージに共通しているのは，まずは，人を受けいれることであるということです。

　そのうえで，その人の「できない」ことや「困っている」ことなどに応じて，問題のある状況を改善しようと何らかの対応が行われていくわけです。

　問題状況がさまざまであれば，それらへの対処も多岐にわたりますから，見えにくくなりますが，福祉は，どのような人であっても受けいれることから始まります。

　ただし，これまでの「社会福祉」においては，制度に基づく活動であるからこそ，ある種の問題状況に対して，「制度のはざま」などといった口実で目を背けてきたことや，手が出せないことなどもありました。もちろん，今も「ない」と言い切ることはできません。

　とはいえ，目を背けることなく「はざま」に向き合う人たちが現れ，少し
ずつ何らかの対処が試みられていくようになっていきます。ゆるやかながら
にも時は流れ，少しずつ「社会福祉」は拡充してきたと言えます。

　では，受けいれることとは，どういうことでしょう。

●「無条件に肯定する」●

　受けいれるとは，それでよしとすることです。反対の受けいれないことと
は，いわゆるダメ出しをすることです。つまり，目を背けずに向き合うこと
は，「基本の構図」で設定したように，まず人を受けいれることから始まり
ます。それは，その人のことをそのままでよしとすることから始めるという
ことです。自力で食事がとれなくても，移動に車イスが必要でも，まずはそ
ういう人として，そのままでよしとして受けいれることから，福祉は始まり
ます。

　さらに，「そのまま」あるいは「ありのまま」とは，「〜だったら」「〜にな
れば」などといった条件を一切つけないことです。何らかの条件をつけてし
まえば，「そのまま」にはならないからです。すなわち，「ありのまま」や
「そのまま」とは，「無条件に」という意味です。

　そして，「よしとする」とは，文字どおり「肯定する」ことを表しています
から，「そのままでよしとする」ことや「ありのままを受けいれる」ことと
は，結局，「無条件に肯定する」ことであると言い換えることができます。

●小　括●

　あらためて整理しておきます。

　まず，わたしたちは，困っている人や苦しんでいる人を前にしながら，立
ち去ることができます。単なる事実として，そうすることができます。それ
にもかかわらず，わたしたちは，目を背けることなく向き合うこともできま
す。ここが福祉の出発点です。

　そして，向き合うこととは，まず，その人をそのまま受けいれることから
始まるのでした。それは，その人を無条件に肯定するということになります。

　実際の「社会福祉」の活動においては，このようにその人を無条件に肯定したうえで，何らかの問題がある状況に対応しようとして制度を定め，それに基づいてさまざまな働きかけや対処が行われています。

　というわけで，出発点を強調すると，「福祉とは，人を無条件に肯定することから始まる働きかけである」ということになります。

■コラム1：「國民精紳作興ニ關スル詔書」と日本国憲法

▶「社會ノ福祉」

語源で見てきたように，そもそも福祉という言葉は，たまたま得られる一人ひとりの幸せではなく，神や天といった「上から」授かるものであって，また，みんなが「集団的」に受け取るようなしあわせという意味を表していました。

こうした意味を明確に打ち出して「社會ノ福祉」という言葉を初めて用いたのが，1923（大正12）年11月10日に大正天皇の名で摂政宮（皇太子裕仁，後の昭和天皇）により発布された「國民精紳作興ニ關スル詔書」でした。日本では，これより3年先立つ1920（大正9）年に初めて，「社会事業」という言葉が当時の内務省社会局の所管事項として公式に使用されたばかりでした。

それに対して，この詔書は，1918年までの第一次大戦以降に広がった個人主義や民主主義を掲げる大正デモクラシーの思想に対抗し，1923年9月1日に発生した関東大震災による社会の混乱状態を鎮静するために出されたもので，「質実剛健」を強調することによって，国民の精神をあらためてふるい立たせるように呼びかけるものです。そして，終わりのほうには，国民が目指すべき目標として，「國家ノ興隆ト民族ノ安榮」が挙げられ，それらに並んで「社會ノ福祉」を図るべしと続けられていました。

ここに言う「福祉」が，具体的にどのような状態を表しているのかということは，600字足らずの本文から読み取ることはできませんが，ただ，これらの状態は，少なくとも「朕（天皇）」が「冀フ（そうなってほしいと願う）」ことであり，さらに末尾は，「爾（あなたたち）臣民（旧憲法下の国民）其レ之ヲ勉メヨ」（カッコ内引用者）と結ばれていることからも，天皇が国民に対して，その実現に向けて努力することを望んだ状態であったことがうかがわれます。

▶「社会福祉」

こうした「上から」といったニュアンスは，戦後になると，国家によって，あるいは国の定める憲法によって保障されるといった意味合いを担い，さらに，「集団的」というニュアンスは，「公共の」という表現で明示されることになります。

そのため，たとえば現行の憲法第12条では，憲法によって国民に保障され

る「自由及び権利」は，「公共の福祉」のために利用しなければならないとされ，また，憲法第13条には，「生命，自由及び幸福追求に対する国民の権利」は，「公共の福祉」に反しない限り尊重されると記されています。

　そして，「公共の福祉」ではなく「社会福祉」という言葉は，憲法第25条の条文として，第1項「すべて国民は健康で文化的な最低限度の生活を営む権利を有する」に続く，第2項「国は，すべての生活部面について社会福祉，社会保障及び公衆衛生の向上及び増進に努めなければならない」（傍点引用者）に登場します。

　ここから，現在用いられている「社会福祉」という言葉は，国家が国民すべてに保障する「健康で文化的な最低限度の生活」を実現するための，社会保障や公衆衛生と並ぶ一つの手段を意味している，ということが分かります。

　ただし憲法では，その具体的な内容についてまったくふれられてはいません（コラム3参照）。

第2章 「無条件」と「条件付き」

１．条件付きの肯定

　先に，「ある人の置かれている状況と向き合うこととは，その人を無条件に肯定することから始まる」と述べました。しかし，そう言われても，日常を振り返って，人を無条件に肯定したり，人から無条件に肯定されたりするような場面を思い浮かべることは，ほとんどできません。というのも，人を肯定したり人から肯定されたりするのは，多くの場合，「○○できたから」「△△したから」などのように，無条件ではなく何らかの条件をクリアしたことに基づいているからです。

　わたしたちの日常は，無条件に肯定する具体的な場面がほとんど思い浮かばないほど，「条件がクリアされたから肯定する」ということで満たされています。

●基本的な態度●

　ここでいったん，わたしたちが目の前の現実に対して，どのような態度や姿勢を取りながら生きているのか，といった地点に立ち戻ってみます。

　わたしたちの現実に対する基本的な態度をあえて二極化すれば，一方の極は，そのままでよし（OK）と肯定することであり，もう一方の極は，そのままではダメ（NG）と否定することです。つまり，わたしたちは，現実に対して，肯定／否定といった二つの基本的な態度を取りながら生きているということができます。

　とはいえ，現実を全面的に否定して拒絶するだけでは，生きていくことが

できません。わたしたちは自分自身についても，自分が生きている現実についても，たとえ何らかの条件付きであったとしても，あるいはその限られた一部分であったとしても，さらにはほんの一瞬であったとしても，どこかで受けいれて肯定していくことのできる何かを見出していかなければ，そもそも生きていくことの意味を手にすることができないからです（コラム2参照）。

　そのため，全面的に否定することは理屈のうえではありうることですし，一時的に自暴自棄になって「何もかもダメだ」とか，「すべてがイヤになった」といった考え方にとりつかれるようなときがあったとしても，実際に生きていくうえで，全面否定を現実に対する基本的な態度として採用し続けることはできません。

●折り合いをつける●

　わたしたちは，どこかで現実と折り合いをつけ，少しでもより良い方向に向けた変化を作り出すことで肯定していこうとします。現実を受けいれられるように働きかけ，工夫を凝らし，場合によっては全力で取り組むこともあります。

　たとえば，前述の食事介助のイメージでも，自分の力では食事をとることができない高齢者に対し，できない人であるという事実はそのまま受けいれるとしても，ただ横で何もせずに見ているわけではなく，食事を飲み込みやすいように手を加えたり，少しずつ口に運んでいったりします。そうした働きかけがあって，たとえ自力では食事ができなくても，必要な栄養をとれるようになることで，その状況が肯定されるようになるわけです。

　このように，できないという状況は否定されますが，何らかの働きかけによって，より望ましい方向に改善されるのであれば肯定されること，すなわち，何らかの条件がクリアされれば肯定するという「条件付きの肯定」が，人々のふるまいにおける根本的な姿勢であるということになります。現実を肯定して受けいれることができるようにしていくことが，わたしたちにとって，生きていくことそのものであるというわけです。

　たとえば，空腹や疲れている状態に対して，そのままただ耐え続けたり，無理を重ねたりというわけにはいきませんから，食事をとったり身体を休めたりすることで，現実に対処していこうとします。その場合，食事をとっておなかを満たすことや，存分に休んで疲れを取ることが，クリアすべき条件になっています。

　こうして，程度の差はありますが，条件をクリアして受けいれることができるようになった現実を，わたしたちは生きています。

2．グラデーション

　わたしたちは現実に対して，たとえ不平や不満をいだきながらであっても，できる範囲で工夫したり，改善したりすることによって，積極的に肯定することもあれば，大きく妥協するとか，あきらめることなどによって，消極的に受けいれることもあります。

　ただし，ここでは「肯定する」「否定する」といった正反対の言葉を用いていますが，どちらか一方だけを採用するような態度が求められているわけではありません。わたしたちはそのつど，さまざまなレベルで肯定と否定をくり返しながら日々を送っているのですが，どちらか一方だけに基づいて生活するなどということはありません。

●「二極論」●

　肯定／否定と言うと，まるで二つの態度ですべてを説明できるかのように考える，いわゆる「二元論」のようにとらえられそうですが，それにたとえるなら，ここでの立場は「二極論」のようにも見えます。

　たしかに，肯定と否定という二つの極を立てて説明していますが，実際には，だいたいは良いけれど，ちょっと気になることがあるので，できればもっと改善したいが，手立てが見つからなかったり時間がなかったりで，最終的にはそのままでよしとする，などのように，肯定と否定が割合的にも入り混じりながら変化していきます。あるいは，ここは良いけれどあそこは何

とかしなければ，などのように，肯定と否定とが部分的に混在していること
も少なくありません。

　すなわち，実際の現実に対する肯定／否定の度合いは，多様な場面に応じ
て肯定と否定という二つの極の間での連続体をなしており，さらには刻一刻
と変化し続けるようなこともあるわけです。こうした連続体については，肯
定／否定を二極として，白から黒にかけてグレーの濃淡で表される「グラ
デーション」を形成している，というイメージになります。

　実際の生活は，「これでよし」と積極的であっても，「まあ仕方ない」と消
極的にであっても，最終的にはさまざまな現実を肯定して受けいれていくこ
とになりますから，「条件付きの肯定」によって占められているわけです。
そのため，この観点から言えば，グラデーションを作り出すのは肯定／否定
の比率というより，「条件付き」における条件の高低，あるいはクリアする
ことの難易度になります。

　つまり，条件が高くて難しいときには，グラデーションとしては濃くなり
ますが，それがクリアできないほどに難しい場合でも肯定することを優先さ
せるなら，クリアできるところまで条件を下げて易しくしていく必要があり
ます。

　そして，条件を下げていった極が，真っ白な「無条件の肯定」になるわけ
です。

●青天井の「条件」●

　ただし，こうした説明では，一方の極として「無条件の肯定」を設定する
ことはできますが，その反対の極は設定することができません。というの
も，条件というものは，あくまでも理屈のうえですが，限りなく高くして難
しくすることができるからです。そのため，無条件の反対に位置する条件の
極は，いわば青天井のようにどこまでも突き抜けていくものということにな
ります。

　もちろん，そんな誰もクリアすることができないような条件を設定しても
意味はないのですが，ただ，条件の高低によるグラデーションにおいては，

一方に無条件という極を置くことはできるものの，その対極の条件について
は一つに固定して決めてしまうことができないので，厳密に言えば「二極」
にはならないというわけです。

3．無条件の肯定

　わたしたちにとっての現実は，真っ白でも真っ黒でもなく，グレーのグラ
デーションだと言いました。しかし福祉は，無条件の肯定という，いわば
真っ白な態度に基づいて始まるのではなかったでしょうか。福祉の出発点で
ある無条件の肯定は，グラデーションとしてとらえられる現実のどこに位置
づいているのでしょう。

　再度，食事介助のイメージに戻ります。自力では食事ができない高齢者に
対して食べ物を口に運んでいるとき，いったい何が無条件に肯定されている
のでしょう。

　それは，先の「基本の構図」でもふれましたが，この方が自力で食事をと
ることのできない高齢者であるという現実，つまり，そういう「人」である
ということです。そのことが無条件に受けいれられています。

　そのうえで，この方がそしゃくすることも困難であれば，あらかじめ飲み
込みやすい形にしておき，少しずつ食べていただけるように口へと運んでい
きます。

　このように，自分では食事をとることができない「人」である，というこ
とを受けいれたうえで，栄養をとっていただくにはどうすればいいのかとい
うことについて，工夫をこらし，働きかけを行っていきます。

●思いどおりにならない現実●

　では，食事ができない人であるというこの現実は，どうして無条件に受け
いれられなければならないのでしょう。

　それは，この現実を思いどおりに変えることができないからです。本人や
わたしたちがどれほど望もうとも，今の時点では，この高齢者が自分で食事

をとれるように変えることはできません。

　このように，思いどおりに変えることのできない現実に対しては，先にもふれたように，変えられないのだからと目を背けて見なかったことにすることもできます。しかし，変えることができないにもかかわらず，こうした現実から目を背けずに向き合うこともできます。

　そして，思いどおりにならない現実に対しては，向き合うのであればそのまま受けいれるしかありません。すなわち，そうした現実に対して，何らの色（条件）も付けないという意味で，その現実を真っ白なまま無条件に受けいれることになります。

●後づけされる「理由」●

　では，なぜわたしたちは，変えることのできない現実に向き合うことがあるのでしょうか。

　通常，「なぜ」と理由を問うとき，それに対する回答は，たとえば，「○○だから」と言い表すことができます。つまり，「なぜ向き合うのか」という問いに対して，理由があるのであれば，「○○だから」と答えることになります。

　ところが，「○○だから向き合う」は，そのまま反転させれば「○○でなければ向き合わない」ということを表します。しかし，たしかに実際には目を背けることもできるのですが，少なくとも福祉は向き合うことから始まるのでした。それが出発点です。つまり，現実と向き合うときには，たとえ「○○だから」といった何らかの理由を設定することができたとしても，その前に向き合うことが行われています。向き合うことが理由に先行していることになるわけです。

　そのため，もし，理由を設定することができるような場合があったとしても，それはあくまでも後づけに行われたということになります。たとえば，赤ん坊をあやしている母親のイメージは，無条件に肯定することを表す例になっていると言えますが，あえてその理由が問われたときに，「かわいいから」という答えが返ってきたとしても，「かわいい」という理由によって赤

ん坊を受けいれているわけではありません。

　赤ん坊はただ「かわいい」と言い表されているにすぎず，結局「かわいい」とは，赤ん坊のことを言い換えただけで，あるいは，赤ん坊のいることが「かわいい」という表現と一つになっているだけで，それを理由として位置づけることはできません。

　このように，わたしたちは，なぜだか分かりませんが赤ん坊をかわいがり，思いどおりにならない現実と向き合うことがあります。

●理由なき肯定●

　思いどおりにならないのであれば，見なかったことにして立ち去ろうとすることもできるはずですが，なぜか踏みとどまって向き合っていくことが，ただの事実としてあるだけです。

　ただし，たとえ理由がなくてもそこに踏みとどまるのであれば，変えることのできない現実に対しては，そのようなものとして真っ白なまま，無条件に肯定して受けいれるしかありません。つまり，踏みとどまって向き合うことに理由はありませんが，それでも向き合うのであれば，無条件に受けいれるしかないということです。

　このように，思いどおりに変えられないものは，そのまま受けいれます。しかし，それだけにとどまるのではなく，受けいれたうえで変えられることを探し出し，より良い方向へと変えていこうとします。それが，飲み込みやすくした食事であり，介護をすることなのです。そうすることによって，たとえ自分では食事ができない方がいらっしゃっても，栄養をとることができるようになるわけです。

　こうして，「福祉とはまず，変えられない現実をそのまま受けいれ，そのうえで，変えられることに働きかけて改善していくことである」ということになります。

●蓄積されてきた技法●

　さらに，改善に向けてどのように働きかけていくのかといったことについ

ては，状況や問題の程度に応じて，さまざまな工夫や試行錯誤が積み重ねられてきました。そのため，たとえば食事介助であっても，その人がどこまで何ができるのかなどといった状態に応じて，準備すべきことや注意すべきこと，そして介助する方法などが実証的な根拠に基づきながら体系化され，心構えなども含めて，一定の技法とでも言えるように整理されています。

　このように，福祉の活動は，生活状況や環境などの変えられることについては，工夫を重ねてより良い方向へと改善していくのですが，思いどおりにはならない現実に対しては，目をそらすことなくしっかり向き合って，そのまま受けいれることから始まります。

　そのうえで，何ができるのか，どうすればいいのか，といったことを検討しながら，これまでに蓄積されてきた技法にのっとって改善を目指していくことになるわけです。

　こうして，無条件の肯定から始まる福祉については，次のように述べることができます。

「福祉とは，思いどおりにならない現実と向き合っていく技法である」

　この規定にはまず，思いどおりにならない現実に対して，わたしたちは目を背けることもできるという事実が隠されています。また，変えることのできない現実に対しては，無条件に受けいれるしかないということが前提になっています。

　さらに，改善できる点については，これまでに蓄積され，整理されてきた一定の技法にのっとって対処される，ということが含まれています。

■コラム2：「運命愛」

▶ニヒリズム

　思いどおりにならない現実に対して，たとえ一瞬であってもそれを「よし」として受けいれることができれば，人は生きていくことができると喝破したのは，「神は死んだ」と告げたニーチェ（1844-1900）でした。

　ここにいう「神」とは，何らかの真理という絶対的に正しいことです。そして，それが「死んだ」，すなわち不在であるということは，「何ものも真ではない」「すべては偽である」ということを意味しており，こうした考え方は，「ニヒリズム」と呼ばれています。絶対的な真理が不在であるため，見方によって，あるいは人によって，善／悪が反転してしまうことがあるわけです。

　そのため，ニヒリズムでは，大切にすべき至高の何かであってもその価値が剥奪されてしまうこともありますから，あらゆる生が目指すべき目的も理由も見つけられなくなって意味を失い，「どうでもいい」と投げやりな態度が生まれます。

　これに対しては，真理の不在を積極的に受けとめ，自分自身の「真理」を，それが仮象にすぎないことを知りつつ創出していくこともできます。ただし，その場合，結局人それぞれになってしまい，各人の自分勝手な真理に基づく人気投票によるランキング状態が生み出されます。昨今の何でもランキングという状況は，絶対的な真理の不在が当たり前のこととして人々に受けとめられていることを示しています。

▶永劫回帰の思想

　こうしたニヒリズムに対して，ニーチェは，スイスの湖畔を散歩しているときに降りてきた思想として「永劫回帰」を得て，著書の中で悪魔に語らせます。

　　「お前が現に生き，また生きてきたこの人生を，いま一度，いなさらに無数度にわたって，お前は生きねばならぬだろう。そこに新たな何ものもなく，あらゆる苦痛と快楽，あらゆる思想と嘆息，お前の人生の言いつくせぬ巨細のことども一切が，お前の身に回帰しなければならぬ。しかも，何から何までことごとく同じ順序と脈絡にしたがって」（『悦ばしき知識』）

　もし，このように私たちの生きている世界が永遠にくり返されるだけだとすると，自由に選択しているように見えることもくり返しの再現にすぎません。また，一切の努力や節制も単なるくり返しにすぎず，結果と連動しません。さらに，未来はすべてすでに決まっており，「何も許されてはいない」ということになります。

　そのうえでニーチェは，究極のニヒリズムとも言えるこうした意味のない生に対して，投げ捨ててしまうのか，そのまま受けいれるのか，というギリギリの選択を迫ります。ニーチェの出した回答は，「これが生であったのか？ さあ！ もう一度！」(『ツァラトゥストラ』) という，生に対する純粋な全肯定でした。

　さらに，こうした全肯定は，たった一つの瞬間に対する OK であればよいとします。

　　　「私たちの魂がたった一回でも，絃のごとくに，幸福のあまりふるえて
　　　響きをたてるなら，このただ一つの生起を条件付けるためには，全永遠が
　　　必要であったのであり，また全永遠は，私たちが然りと断言するたった一
　　　つの瞬間において，認可され，救済され，是認され，肯定されていたので
　　　ある」　　　　　　　　　　　　　　　　　　　　　　　(『権力への意志』)

　そして，こうした生の全肯定は，「運命愛」と呼ばれるようになります (『この人を見よ』)。

第3章 基本のルール

1. 二つの基本方針

　福祉の実践に見られる基本方針として，二つのことを挙げておきました。

　一つは，思いどおりに変えることのできないことに対して，そのまま受けいれていくということです。もう一つは，変えられることに対して，工夫を重ね，手間をかけながら働きかけることによって，改善していくことでした。

　しかし，言うまでもないことですが，この二つの基本方針は，なにも福祉に限ったことではなく，わたしたちがこの現実を生きていくなかで使い分けていることそのものであるということができます。

　もちろん，実際には，思いどおりにはならないことを何とか変えようとして必死になることもあれば，容易に改善できることを前にしながら，つい面倒だと思って放置してしまうことも少なからずあります。

　では，これら二つの基本方針をめぐる福祉の特徴とは，どのようなものでしょう。

●生存の肯定●

　これまでもふれてきたことですが，福祉は，特に「人」に関して，変えることのできないこととして，すべて無条件に肯定することから始まります。すなわち，誰をも見捨てることなく，そのまま受けいれていくことが出発点です。

　もう少し言葉を補えば，人が生きて「ある」ということ，つまり，その人の「生存」，あるいは存在していることをそのまま受けいれようとします。

実際，たとえどういう状態の方であっても，そういう人として，その存在が受けいれられます。

　そして，その人をそのまま受けいれたうえで，その人が置かれている状況や生活環境については，たとえば工夫を凝らして食事を提供したり，本人の求めることを何とか読み取ろうとしたりすることで，少しでも望ましい方向へと改善しようとします。

　先ほどの単純化された「基本の構図」で言えば，「できない人」に対して福祉は，どのようなあり方であっても「人」については無条件に肯定します。そのうえで，何らかの「できない」ことといった，その人を取り巻く状況については，少しでも生活の質を高めるための工夫を凝らして働きかけていこうとします。

　この生活の質を高めることが，まさに一つの条件になっており，それを少しでもクリアしていくことで，条件付きの肯定を目指すようになっています。しかし，出発点があくまでもその人の存在を無条件に受けいれることであるのは，くり返し強調しておくべきことです。

　このように，福祉とは，「無条件の肯定」に始まり，「条件付きの肯定」を展開していくといった，二つの基本方針で成り立つ活動やふるまいのことなのです。

２．ルールとしての基本方針

　わたしたちが生きていくうえで採用している基本方針には，福祉に限りませんが，「無条件の肯定」と「条件付きの肯定」の二つがあります。これらは二つに分かれて対立しているのではなく，条件づけの難易に応じてグラデーションになっています。

　わたしたちは，条件の高低や改善すべき箇所を変化させながら，目の前の現実を受けいれられるようにと働きかけ，ふるまっていきます。ただし，なぜわたしたちが無条件に肯定するのかということについて，理由を見つけることができないのは，先に確認しておきました。

　また，条件付きで肯定する場合でも，その条件そのものの設定に，明確な理由や根拠を見出せるわけではありません。少なくとも，それは状況に応じて変化します。たとえば，はじめは高い条件を設定したけれど，クリアが難しいようなので条件を下げることもあれば，低い条件から始めて，クリアできるかどうかの様子を見ながら少しずつ高めていくこともあります。

● 「ルール」への呼び換え ●

　以下では，こうした人々のふるまいを方向づける基本方針のことを，「ルール」と呼ぶことにします。

　ルールとは，一般に「人々のふるまいや営みにおいて，従うべきことや求められていること」を意味します。そこから，「しなければならない」（当為）や，「してはならない」（禁止）などと強く表現されることもあれば，「したほうがよい」（推奨）や，「しないように」（抑制）などとゆるやかに表現されることもあります。

　また，ルールに違反した場合には，法律やスポーツのルールブックなどのように罰則が定められていることもあれば，そうした規定がないため，周囲からの批判や非難にとどまることもあります。

　もちろん，いったんルールを決めても，現実に応じて柔軟に変えるのに抵抗がないこともあれば，決めたことへのこだわりをなかなか捨てられないこともあります。あるいは，変更が容易に許される場合もあれば，それなりに手間のかかる手続きを必要とすることもあります。

　こうした，ルールのあり方にまつわる多様な実際をふまえながら，ここではできるだけ幅広い意味を持たせるために，ルールとは，人々の姿勢や態度，受け取り方や行為などにおける基本方針を指し示すもの，と位置づけておきます。

● 「ルール」と呼ぶ理由 ●

　ところで，なぜ「ルール」などという言葉をわざわざ持ち出すのかというと，理由や根拠といったものが存在しないということを示すことができるか

らです。

　くり返しますが，なぜ無条件に肯定するのかということの理由も，条件付き肯定において，どうしてこの条件を設定するのかということの根拠も，突き詰めていけば見つけることができないのでした。

　ルールという言葉は，そうした事情をよく表してくれます。たとえば，スポーツを例にとると，サッカーではボールを手で扱ってはいけないとか，ラグビーではボールを前にパスしてはいけないなどといったルールがありますが，それらにはそもそも何らの理由も根拠もなく，ただの約束事として決められているだけです。

　つまり，ルールとは，後からいくらでも変更できるのですが，いずれにしても，どこかでそのように決めてやってみるものです。あるいは，なぜだか分からないけれども，そのように決まっているとしか言えないものなのです。

　こうして，ルールという言葉を用いることによって，そこには理由や根拠がないこと，しかし，とりあえずそのように決めて始めてみるといった，約束事であることが示されることになります。

　そして，ルールは約束事にすぎないので，うっかりそれを破ってしまうこともあれば，意図的に従わないようにすることもできます。しかも，みんなで決めるだけなので，いくらでも新しいルールを作り出すこともできますし，既存のルールを変更していくこともできます。決して固定的というわけではないので，いつのまにか変容を遂げていることもあります。

　さらに，ルールは必ずしも明示されているとも限らず，日常生活では，暗黙のうちに決められていることのほうが多いとも言えます。そういう場合には，いわゆる「その場の空気を読む」ことによって，必ずしも提示されているわけではないルールを読み解き，理解することが求められます。

●ルールを絞る意義●

　また，非常に複雑でとらえがたい現実に対して，少数のルールだけに絞り込むことで，ある一面をクリアカットに浮かび上がらせることができます。決して現実をないがしろにしたりするわけではないのですが，現実はあまり

にも豊饒で複雑すぎるために，取り扱うことが困難です。そのままでは，わたしたちの手に負えないのです。

　ルールという観点からいっても，現実は数えきれないルールで成り立っています。たとえば，球体としてのボールを用いての遊びを考えても，ボールの大きさや硬さ，その扱い方などについては，無数に考えることができます。

　しかし，スポーツはそれぞれ一定のルールを決めて行われています。ボールを使うという意味では同じであったとしても，野球やサッカー，バレーやボーリングなど，ボールのあり方や扱い方は，まさにさまざまとしか言いようがありません。そうした状況のなかでも，ルールを一定に限ることによって，それぞれが一つのスポーツであることを示すことができます。

　わたしたちのふるまいや営みは，同じく無数のルールから成り立っています（コラム8参照）。しかし，そこから少数のルールを抜き出すことによって，見渡すことも見通すこともできないほどの複雑さと奥行きとをひめた現実に対して，ある一面を明らかに浮き上がらせる可能性がひそんでいます。

　このように，「ルール」という言葉を用いることによって，まずは，みんなで決めた約束事であることを示すことができます。また，ルールを絞り込むことによって，複雑な現実の限られた一面を浮きぼりにすることができるのではないかと期待することが，可能になるわけです。

3．家族と企業

　人々のふるまいを方向づける基本のルールとして，そのままを受けいれる「無条件の肯定」と，条件のクリアを求めていく「条件付きの肯定」との二つを挙げておきました。

　くり返しておけば，これらのうち「無条件の肯定」は，たしかに一つの極を形成していますが，実際には「条件付きの肯定」における条件の厳しさやゆるさに応じてグレーのグラデーションなしており，刻々と変化しています。

　こうしたグラデーション状態であることを確認したうえで，二つのルールが持つ特徴を整理しておきます。

●「無条件の肯定」の特徴●

現実のなかでも，とりわけ「人」に対するとらえ方について当てはめてみると，「無条件の肯定」では，ある人について，その人が存在していることをもって，何かが「できる／できない」にかかわらず，そのまま肯定しようとします。

このことは，何ができるのか，何ができないのかといったことをまったく視野に入れないなどという意味ではありません。できることとできないことをしっかり見すえたうえで，できないならできないものとして，できるならできるものとして，その人の存在をそのまま受けいれるということです。

もちろん，努力や訓練によってできるようになるのであれば，働きかけを行いますが，変えられないことについては，そのまま受けいれるしかありません。つまり，その人の存在を無条件に肯定するというルールが前提として先にあって，そのうえでできないことを補う，あるいはできるように手助けをするなどといった何らかの働きかけを検討していくことになります。

●「条件付きの肯定」の特徴●

それに対して「条件付きの肯定」では，その人について何かが「できる」とか，何かを「した」ことによって肯定するかどうかの評価を行います。「できること」「できたこと」は条件をクリアしたこととして肯定されますが，何かができなかったり，求められる成果がもたらされなかったりすれば，程度の問題であるとはいえ，否定されてしまうわけです。

再び「基本の構図」に戻ると，「できない人」について，「無条件の肯定」は「人」について行われますが，「条件付きの肯定」は「できない」のほうに焦点を当てていきます。そのうえで，「できない」を「できる」にするために訓練を重ねていくとか，実際の支援活動を行うとか，あるいは条件を少しずつ下げていくなどの対応を行います。

●家　族●

こうしたルールの違いは，家族と企業にたとえると，分かりやすくなるか

もしれません。

　あくまで理念型なので実際とは違っていますが，家族とは，まず家族であることが前提として先にあって，そのうえで，たとえば努力などによって改善させることができることについては，向上させることが求められます。あるいは，社会の規範を守らせるなどの「しつけ」も行われてはいます。

　ただし，その場合，条件がクリアできなかったからといって，家族であることが否定されることはありえないわけではありませんが，一般的とは言えません。というより，条件をクリアしたかどうかによっては選別できない人のことを，家族と呼んでいるのだとも言えます。

　「できない人」の基本構図で言えば，あきらかに家族という「人」であることを優先しています。

●企　業●

　それに対して，企業では何ができるのか，何をしてきたのか，何が期待できるかなどが見きわめられたうえで，所属の可否が決められます。いわば「できない人」の「人」も考慮には入れますが，「できる」「できない」を第一にしているということです。

　さらには所属後も，次から次へと条件が設定され，絶え間なくクリアし続けていくことが求められていきます。そして，重大なルールに違反した場合には，所属が解かれることもあります。

　いずれにしても，「無条件の肯定」を基本ルールとする家族のような集団と，企業のように「条件付きの肯定」で成り立っている集団とが実際にあります。しかし，「白か黒か」ではありませんから，家族であってもクリアすべき条件が次々と設定されるような家族もあれば，企業でも，勤め上げるまではちゃんと席を確保してくれる面倒見の良い企業もあるかもしれません。つまり，企業的な家族もあれば，家族的な企業もあるというグラデーションになっているわけです。

● 「そのまま」と「もっと」 ●

　ところで，これまで「無条件の肯定」とは，ありのままをそのようなものとして認めることであり，たとえば，何かができないのであれば，そのようにできないものとして，できるのであれば，できるものとして受けとめることとしてきました。つまり，変えることのできない現実については，そのまま受けいれるというルールを指していたわけです。したがって，こうした無条件に肯定していくというルールの中心的な特徴を一言で表現すれば，「そのまま」ということになります。

　もう一方の「条件付きの肯定」では，ある条件を設定してそれがクリアされると，さらなる条件，あるいはもっと何かをすることが求められるようになります。たとえば，生活レベルで言えば「もっと簡単に」「もっと便利に」，作業レベルで言えば「もっと速く」「もっと美しく」，あるいは管理レベルであれば「もっと正確に」「もっとコストを下げて」などを挙げることができます。

　「もっと」は，利潤を追求していくなどの拡大の方向にも，ミスやエラーをなくしていくといった縮小の方向にも用いることができ，さらなる条件が設定され続けていくことを表しています。

　このように，「条件付きの肯定」とは，「もっと」を追い求めていくルールであるということができます。すなわち，「条件付きの肯定」というルールについてその特徴を簡潔に言い表せば，「もっと」になります。

　わたしたちが採用する基本のルールは，「そのまま」と「もっと」と表すことができますが，二つのルールは分かちがたく結びついており，「そのまま」をベースにして「もっと」が求められていくこともあれば，反対に「もっと」を追い求めながらも，どこかで落としどころとして「そのまま」を採用していくこともあります。

　このとき福祉は，どのような人に対しても限定なく，「そのまま」受けいれることから始まります。そのうえで，生活環境などで変えられることがあれば，「もっと」改善していこうとするわけです。

●アクセルとブレーキ●

　さらに例えるなら，これら二つのルールはアクセルとブレーキのような関係にあります。「もっと」を求めていくのがアクセルで，「そのまま」受けいれていくのがブレーキです。進むためには，アクセルを踏まなければなりません。しかし，アクセルだけでは止まることができないので，ブレーキが必要になってきます。

　とはいえ，ブレーキだけでは進むことができません。大切なのは，バランスです。スピードが出すぎれば，コントロールできない怖さを感じますし，ノロノロ運転が強いられれば，イライラがつのります。ほど良いスピードで快適にドライブできているかどうかが，その人にとってのバランスということになります。

　以上，さまざまに言い換えてきましたが，二つのルールは，それぞれ以下のように例えられる系列になっています。

- 条件付きの肯定：会社―も っ と―アクセル
- 無条件の肯定：家族―そのまま―ブレーキ

■コラム 3：社会福祉事業の法的規定

▶「社会福祉法」の規定

「コラム1」で見たように，「社会福祉」という言葉は，1946年に公布され翌年から施行された憲法の第25条第2項においてすでに使われていたのですが，その具体的な内容については，1950年に社会保障制度審議会によって出された「社会保障制度に関する勧告」をふまえ，翌1951年に制定された社会福祉事業法において定められました。では，現状では，法律上どのように定められているのでしょう。そのことを確認しておきます。

社会福祉事業法は，約半世紀を経て，2000年に社会福祉法へと改められています。現行法では，その第1条（目的）において，「社会福祉を目的とする事業の全分野における共通的基本事項」を定めることから始まっています。そこでは，「社会福祉」とは何かといった概念規定にはふれることなく，第2条（定義）で「『社会福祉事業』とは，第一種社会福祉事業及び第二種社会福祉事業をいう」として，社会福祉事業を大きく二つに分けることにとどめています。

このうち，第一種社会福祉事業とは，入所施設サービスなど，利用者保護の必要性が高い事業を行うために経営が安定している必要があって，原則として国や地方自治体と社会福祉法人しか行うことのできない事業です。また，第二種社会福祉事業とは，在宅生活を支える通所サービスなど，利用者への影響が第一種に比べると小さく，届出をすればどんな経営主体でも行うことのできる事業です。

条文ではそれぞれの社会福祉事業について，たとえば第一種では，生活保護法に規定する救護施設，更生施設など，あるいは，児童福祉法に規定する乳児院，母子生活支援施設，児童養護施設などというように，老人福祉法や障害者総合支援法といった福祉関連法に規定される各種事業が，ただ列挙されるにとどまっています。

▶「福祉サービスの基本的理念」

そして，第3条（福祉サービスの基本的理念）においてようやく，「福祉サービスは，個人の尊厳の保持を旨とし，その内容は，福祉サービスの利用者が心身ともに健やかに育成され，又はその有する能力に応じ自立した日常生活を営

むことができるように支援するもの」と述べられています。

　ここから福祉サービスの目的が，最終的には「日常生活を営むことができるように支援する」ことであると規定されていることが分かります。そして，先ほどの憲法第25条と合わせれば，ここに言う「日常生活」とは，「健康で文化的な最低限度の生活」であることになります。

　こうして，現行法の条文を組み合わせていくことによって，「社会福祉」とは，国家によって基本的人権として保障されている「健康で文化的な最低限度の生活」を，国民すべてが「営むことができるよう支援する」ために定められた，各種制度に基づくサービス事業の総称であるということになります。

第4章 ｜ 市場ルール

1. 市　場

「無条件の肯定」というルールに基づいて，変えられない現実を受けいれることの中心となる特徴は，「そのまま」でした。それは，無条件であることの言い換えであるとも言えます。

同時に，「条件付きの肯定」というルールにのっとって，現実の変えられることに対して条件を設定し，クリアすることによって改善していこうとすることの特徴については，「もっと」と書き記すことができるのでした。というのも，ある条件がクリアされれば，さらなる条件が設定されて，「もっと」クリアし続けることが追求されていくからです。

両者は，わたしたちが現実と向き合うときの最も根本的な姿勢を示しており，ありのままで OK として受けいれていく寛容さが「そのまま」，さらなる条件をクリアすることで成長や発展を追い求めていくことが「もっと」と表現されていることになります。

ここからは，まず「条件付き肯定」である「もっと」の特徴を整理し，その後，「もっと」だけを求めていけばどのような考え方が現れることになるのかということを説明します。なぜなら，「無条件の肯定」である「そのまま」は，わたしたちの日常においては実感することがとても難しいのに対して，「もっと」については誰もがすぐにイメージできるからです。

先に，「条件付き肯定」の採用が前提となっている人間の活動として，企業を例に挙げました。しかし，企業は単なる一例にすぎないのではなく，企業こそが，「もっと」を追求することを目的として形成された組織であると

言えます。つまり，企業とは，「もっと」の権化なのです。

●「市場ルール」●

　企業が活動しているフィールドは，「市場（マーケット）」と呼ばれています。

　市場とは，一般的に言えば，モノやサービスの売り買いをするところです。その市場において，企業は，安く買って高く売ることを原則としています。安く仕入れた原材料を加工したり，労働力を駆使したりすることによって，モノやサービスあるいは情報といった何かを作り出し，それを高く売ることによって，コストと収益の差額を利潤として確保していきます。そうして得られた利潤を元手として「もっと」事業を拡大していくわけです。

　そのため企業は，もっと安く買って，もっと高く売って，もっと多くの利潤を追求していく運動体であるということになります。企業が活動している市場では，ひたすら，もっとお金を増やしていくことが求められていくわけです。

　このように市場とは，まさに「もっと」によって成り立っていると言えます。そこで以下では，「条件付き肯定」によって「もっと」を求めていくことについて，「市場ルール」と呼ぶことにします。

　ここで「ルール」と呼ぶのは，まず，人々のふるまいを方向づける基本方針であるということと，その方向づけに従うことには理由や根拠が見つからないということを表しています。

　また，実際の市場では，必ずしもただ単に「もっと」を求めるだけでなく，自らの利潤を削ってでも他の企業との共存を図ったり，発展だけを求めるのではなく現状維持を第一に位置づけたり，社会貢献を目指したりするなど，多様な方向性を見てとることができます。

　そもそも，市場を含むいかなる現実も，無数のルールに基づいており，特定のルールだけで成り立っているわけではありません。そのため，「もっと」を求めるなどの特定のルールは，市場のきわめて限られた一部にすぎないということになりますが，あえて市場ルールと名づけることの理由は，無数に

あるはずのルールのなかで，ひたすら「もっと」を求めていくというルールだけを取り出し，それによって市場という複雑な現実を単純化することにあります。

2．市場ルールの特徴

●特徴①：現状否定●

　市場ルールの大きな特徴としては，二つ挙げることができます。

　まず，「もっと」を求めるということは，現状に対して満足してはいないということを意味しています。現状に満たされていれば，「もっと」を求めていこうという動機が生まれません。現状ではダメだと思うからこそ，何らかの条件を設定して，「もっと」改善していこうとするわけです。したがって，市場ルールは，現在の状態に対して否定的にとらえていることで成り立っているということになります。すなわち，市場ルールは現状否定に基づいている，というのが一つ目の特徴なのです。

　そのため，もし，この社会が市場ルールを中心に作り出されているとすれば，人々に対するそこでのメッセージは，「今のままのあなたではダメです」といった現状否定になります。わたしたちが日常において「今のままでOK」といった「そのまま」のメッセージを実感できないのは，このように市場ルールを中心に回っている社会が，現状否定のメッセージでおおいつくされているからです。

　実際，現状のままでOKといったメッセージを受け取ることができれば，必要最低限のモノを除いて，あえて新たにモノを買ったり，サービスを利用したりしようとは思わなくなります。現状に満たされているからです。満腹のときにもっと食べたいとは思わないのと同じです。つまり，今のままでOKなら，お金を使う必要がなくなるわけです。そうすると企業の活動が停滞し，市場でのお金が増えていかなくなります。

　そこで，現状についてはダメ出しがなされ，もっと新しいものや，もっと便利なものを買うことで，生活をもっと豊かにするようにとうながされるわ

けです。いわば，わたしたちは，常に空腹であるかのように思い込まされ，絶えずもっと欲しがるように，あおられ続けているということになります。

　しかし，そうした圧力に押されるからこそ，人々は努力や節制を行い，それによって発達や成長といった現状の改善が実現されると，その程度に応じて「がんばった」とか「すごい」などと肯定されるようになります。現状否定から条件をクリアしたことによる，肯定が行われるのでした。

　現代社会はこうした現状否定のメッセージに満たされており，人々は，それらを内面化することによって，「もっとがんばらなければ」とか，「ここはがまんしなければ」などと自分自身に言い聞かせています。自分が持てる能力を最大限に発揮して自己を実現していくことが，人々のはたすべき目標として位置づけられているのです。

　それによって，社会全体が絶えざる進歩を遂げ，さまざまなことがますます便利になって，わたしたちが豊かな生活を享受しているのはまぎれもない事実です。市場ルールこそが，現代の繁栄を築いた源泉であることを否定することは，誰にもできません。

　では，こうした市場ルールにはゴールがあるのでしょうか。もうこれでOK，満腹ですという状態は訪れるのでしょうか。

●特徴②：自己目的的行為●

　市場ルールの「もっと」には，終わりがありません。それがもう一つの特徴です。市場ルール自体には，何らの歯止めもないのです。そのため，「もっと」を求めていったん動き始めれば，自らを止めることはできません。市場ルールはアクセルでしかないのです。それは，限りもなければ，果てもない運動なのです。

　もちろん，何とか現状を維持していくことで，バランスを保つこともないわけではありませんが，市場とはそもそも「もっと」を求めることを目的として作り出されているので，「もっと」が生み出せなければ，肥大化し続ける他の「もっと」に飲み込まれ，吸収されてしまうおそれは高くなります。

　儲けること，稼ぐこと，利潤を蓄積していくことには，終わりなどという

ものがありません。なぜならば，市場は何かのために稼いでいるのではなく，稼ぐために稼いでいるからです。

　たとえば，旅行に行くという目的のために節約したり，仕事を増やしたりしてお金を貯めるというのであれば，旅行資金が貯まると，それ以上がまんしたり無理したりする必要はありません。しかし，企業の利潤追求や市場でのお金の増殖は，稼ぐために稼ぐ，増やすために増やすことを目指しているだけです。「もっと」には，そういう特徴があります。

　このとき，何らかの目的のために行うこと，先の旅行のために仕事を増やすことなどは，目的（旅行）とそのための行為（貯金）が別々なので，目的が行為の外にあるという意味で「目的外在的行為」になります。こうした行為は手段にすぎないため，目的が達成されると，それ以上は必要なくなりますから，やめてもかまわないということで歯止めがかかります。

　ところが，貯めるために貯めるという行為は，目的と行為が同一で，行為が自分自身を目的としているところから，「自己目的的行為」ということになります。そして，自己目的的行為には，実現すべき目的という歯止めがないため，自らを止めることができず，果てしなく続いていくしかないわけです。

　ただし，このように限りなく「もっと，もっと……」と続けることによって，生きていくことの目的が不在であることを隠し通すことができます。あるいは，そうした不在に気づいていたとしても，そこから目を背けることができます。終わることのない「もっと」の先に，生きていくことの目的があるかのような錯覚を作り出すことができるからです。それによって，人は，ただ何を目指しているのかもわからないままに，走り続けることができるというわけです。

●市場ルールの問題●

　しかしながら，誰しも際限なくいつまでも常にがんばり続けることなど，できるはずもないという問題があります。いくらがんばろうと思っていても限界があるわけです。

　さらに，がんばりさえすれば，いつも望みうる結果の得られる保証がある
わけでもありません。誰しも，どれほど望んでも，必死にあがいても，努力
や節制だけでは超えることができない壁に取り囲まれています。

　また，がんばることだけを肯定するルールでは，がんばることのできない
人や，がんばろうという気持ちを失ってしまった人たちを，置き去りにせざ
るをえないことになります。つまり，そういう人たちは，市場からはじき出
されることになるわけです。

　そうすると，これまで走り続けてきた人々もまた，いつしかがんばること
ができなくなりますから，置いていかれることなります。これは，走り続け
ていられる間には決して見えないことであり，また，見ようとしないあから
さまな事実にすぎません。

　このように，何らかの条件を設定して，それを次々とクリアすることを目
指していく市場ルールは，現状否定を動力として，自己目的的に限りなく動
き続けていくためのルールであるということになります。

　ただし，もう一度確認しておくと，ここで見てきた市場ルールとは，現実
の市場における無数のルールの一つにすぎません。とはいえ，市場というも
のを動かしている中心的なルールの一つにはなっています。

3．線引きする思想

　市場ルールでは，あらゆることに条件を設定し，クリアできたかどうかで
評価が行われます。すなわち，グラデーションにはなっていますが，「でき
る／できない」「できた／できなかった」によって人々を評価していきます。

　その際，「できる／できない」の間には，文字どおり線が引かれています。
市場ルールによる条件の設定とは，人のとらえ方に当てはめると，まさにこ
の「線引き」のことになります。そして，この線引きそのものは，まさに特
定の事柄ついて「できる」のか「できない」のか，あるいは，「できた」のか
「できなかった」のかということを示しているにすぎません。

　ところが，わたしたちはこの線引きを，特定の事柄だけにとどめることな

く，その人の全体像にまでいとも簡単に当てはめてしまうことができます。特定の何かができるかどうかから，できる能力の高い人／低い人という評価が生み出されるわけです。すなわち，何かが「できる／できない」の線引きは，そのまま「できる人／できない人」へと直結させることができます。

　そのうえで，単に「できる／できない」の線引きに価値が貼りつけられ，「できる＝価値のある＝優れた／できない＝価値のない＝劣った」へと変換されると，「優れた生に存在価値を認める」といった，いわゆる「優生思想」が生み出されます。市場ルールは，優生思想に直結するという特徴を持っているわけです。

●優生思想の凄惨さ●

　もちろん，優れたものを尊ぶことそれ自体には，何の問題もありません。しかし，優生思想が凄惨なのは，その裏返しとして，「劣った生には存在価値を認めない」という排除の思想を正当化してしまうからです。優れた何かを称揚すること，それ自体は決して責められるべきことではありませんが，それを反転させたときに，劣った何かをおとしめることになってしまいます。

　さらに問題なのは，優れた生と劣った生とを分断する線引きをどこで行うのか，といった条件設定については，先にもふれたように，そもそもいかなる理由も根拠も見出すことはできないということです。

　何をもって優れたとし，何をもって劣ったとするのかといったあらゆる線引きは，理由もなく行われます。極端に言えば，線引きする側の気分次第ということにもなりかねません。「優れた生／劣った生」という線引きは，結局，「線引きする側／線引きされる側」の分断にすぎないのです。

　そして，それはイコール「排除する側／排除される側」の線引きを意味していて，排除する側の都合でいかようにでも設定することができます。しかも，いつどこで自分が排除する側から排除される側へと追いやられることになるのかは，誰にも分からないのです。

●排除におびえる人々●

　上記より、「もっと」に基づく線引きが強化されていけば、そのぶん、知らぬ間に排除されてしまうのではないかといった不安におびえる人々が増えていくことになります。

　さらに、そうした不安を抱えた人々は、上を目指して先の見えない努力を重ねるよりも、自分よりもさらに「できない」と思われる人々の排除をより強硬に主張するようになりがちです。まるで自分が線を引く側にいることを確かめるかのように、下の切り捨てを願うことになるからです。

　今の社会では、市場ルールのまき散らす「もっと」がますます影響力を強め、それにつれて人々は、いつかは使い捨てられ、いつの間にか不要な者として選別され、いつしか排除される側へと追いやられるのではないか、といった不安におびえています。

　さらに加えて、この社会はこうした格差のある状況を、「自己責任」という言葉によって、ひたすら本人に押しつけようと躍起になっています。格差を解消していくためのコストを、負担しないですませるためです。

　そして、排除されるのではといった不安を抱えた人々は、残念ながら、自分よりさらに「できない」と思われる人々の排除を、より強硬に主張するようになります。そうした怨念とも言える歪んだ願望が社会のすみずみにまで漂っているなかで、あの事件が起きたのです。

●相模原障がい者殺傷事件●

　2016年7月26日の未明、神奈川県相模原市の障がい者施設で、入所者19名が殺傷され26名が負傷する、「相模原障がい者殺傷事件」が起きました。

　事件に先立つ同年2月、犯人は衆議院議長公邸を訪れて手紙を渡していますが、そのなかには犯行予告ともとれる文言があり、手口が具体的に記されていました。手紙には、「障害者は不幸を作ることしかできません」とし、「障害者を殺すことは不幸を最大まで抑えること」であるとさえ記されていました（『安信』）。

　さらに犯人は、逮捕後も謝罪や反省をすることもなく、「事件を起こした

自分に社会が賛同するはずだった」という趣旨の発言もしていたと伝えられています。実際，ネット上には，犯人を称賛したり，障がい者をおとしめたりする書き込みが少なからず続いたと言われています。犯人が感じていた「社会が賛同するはず」といった雰囲気は，決して的外れではなかったということになります。

　たしかに市場ルールは，条件づけという線引きを絶え間なく行うことで，ほしいままに「できる人／できない人」の分断を作り出し続けています。そして，そんな市場ルールを中心として成り立っている社会で生まれ育ち，日々を生きているわたしたちが，線引きの思想から何らの影響も受けていないなどということは，あり得ないことであるとさえ言えます。少なくとも，線引きの思想は，市場ルールの延長線上に間違いなく位置づいています。

4．「他人に迷惑をかけてはいけない」

　わたしたちは誰しも，「他人に迷惑をかけてはいけない」と，幼いころからしつけられてきました。このことは，あえて意識することもないほどに当たり前のことであるとも言えます。これを別の言い方にすると，自分のことで「他人の手をわずらわせないようにしなさい」ということになります。すなわち，「自分のことは自分でしなさい」というわけです。

　これらが示している規範には，何らの異論をはさむ余地もありません。自分のことは自分で行い，他人の手をできるだけわずらわせないように心がけなければならないというわけです。

●市場ルールの入り口●

　この「他人に迷惑をかけてはいけない」は，明らかに一つの条件設定ですから，他人に迷惑をかけなければ条件をクリアしたとして肯定的に評価され，他人に迷惑をかけると否定的な評価が下されます。

　すなわち，自分でするかしないかによって，どれほど他人に迷惑をかけるかどうかを基準として評価されるわけですが，これはまさにものごころがつ

くかどうかの幼いころからしつけられるように，この社会で生きていく際の出発点となる条件，あるいは最低限守るべき基準として位置づけられています。いわば，市場ルールにおいては，そこに参加する入り口として最初に設定される条件が，「他人に迷惑をかけないこと」になっているのです。

　そもそも人は，赤ん坊として，できることがとても限られた状態で生まれてきます。しかし，成長するにつれて，できることが少しずつ増えていきます。そうすると，「できる／できない」「する／しない」といったさまざまな条件に基づいて，「肯定的／否定的」な評価にさらされていくことになるわけです。

　こうして人は，少しずつ市場ルールを身につけ，承認されたり叱責されたりすることによって努力や節制を行い，成長や発達を遂げていきます。逆に言えば，市場ルールの「もっと」というメッセージは，人に成長や発達をうながすものであるということができます。

　一人ひとりについて，「何かができる」「何かをした」ということに価値を置くことによって，市場ルールは，できるようになるためのプレッシャーを与えるという役割を果たしており，そこでは，少しでも効率を上げて，もっと生産性を高めながら，次々と成果を挙げていくことが求められています。

　そういう意味で，市場ルールとは，絶えざる発展を遂げてきた現代社会の基盤そのものであって，わたしたち一人ひとりもまた，市場ルールにどっぷりつかって生きています。

●市場ルールと優生思想●

　市場ルールが優生思想を生み出すのであるなら，そうした思想がわたしたちにいささかも内面化されていないと強弁することは，もはやできません。優生思想から逃れることのできる人など，いないということになります。

　結局，わたしたちが「他人に迷惑をかけてはいけない」と無邪気に信じてきたことから，「他人に迷惑をかける者は良くない存在である」を導き出すとき，そこには「他人に迷惑をかける奴は許せない」といった「正義」が生み出され，そうした不寛容さの空気がいつしかあの事件の後押しをしたこと

になります。

　問題なのは，「条件付きの肯定」という何らかの線引きをする市場ルールにおいては，優生思想の成立を阻止する理由や根拠を，見出すことができないということです。さらに，ひとたび線引きによる分断が始まれば，そこには必ず排除が呼び寄せられてしまいます。

　とはいえ，こうした市場ルールの出発点であり，最低限の条件でもある「他人に迷惑をかけてはいけない」ということについて，あるいは，その前提ともなる「自分のことは自分でしなさい」について，あらためて考えてみると，曖昧で不明瞭な点が目につくようになります。

●「自分で」の範囲●

　そもそも，「自分で」するとは，どの範囲を指すのでしょうか。たとえば，食事をする場合，目の前の料理を取り分け，自ら口に運ぶといったことは，「自分で」行っていると言えます。しかし，その料理は必ずしも「自分で」作ったとは限りません。家族が作ってくれたのかもしれないし，レストランで注文したのかもしれません。

　さらには，たとえその料理を自分で作ったとしても，それに用いた食材や調味料などまで，すべて「自分で」用意したなどということには無理があります。ましてや，食器や調理器具，調理をする場や光熱水など，料理ひとつをとっても，他人の手をまったく借りることなく「自分で」行うことなど不可能です。もちろん，料理や食材を購入することはできますが，身の回りにあるものは，衣類や家具，住まいや道路など，すべては他人に作ってもらったものにすぎません。

　すなわち，自分で作り出したものなど何もないのが実際です。先にもふれましたが，人とは，人である限り，おしなべて「できない人」であると言えます。わたしたちの身の回りにあるものは，みんな購入したものであって，逆に言えば，わたしたちが自分でできるのは，購入することだけということになります。

　このように，一般的に言えば，わたしたちの生活は無数の人々の「おかげ」

で成り立っています。そして，それらの「おかげ」を，単なる迷惑として避けようとすることには無理があります。たしかに，「他人に迷惑をかけてはいけない」のかもしれませんが，だからといって，人々の「おかげ」なしに生活が成り立つなどということもありえません。

　そうであるとすれば，市場ルールそのものは，単独で成り立つことができないのではないかと考えることもできます。わたしたちは，たしかに市場ルールに従うことで生きているかのように思い込んでいます。しかし，それは，そのように思い込まされているだけであると言えます。市場ルールだけに従って生きていくことなど，できるはずもないのです。

■コラム4：自己目的的行為

　自己目的的行為には，歯止めがないまま暴走してしまうという欠点がありました。また，何かの目的を実現するための手段である目的外在的行為は，どうしてその行為を行うのかと問われれば，その目的を実現するためであると答えられるので，目的実現という「意味」を有していることになります。

　しかし，自己目的的行為では，同様に問われても，行うために行っているとしか答えることができないので，周囲の人からすればまさに意味がないとしか言いようがありません。

　ところがそんななか，無意味にしか見えない自己目的的行為に，根本的な意味が含まれていると気づいた人がいました。

▶「修証一等」

　鎌倉時代に入宋して開眼し，帰国して曹洞宗を開いた道元（1200-1253）がその人です。

　その考え方は幾通りにも表現されていますが，その一つとして「仏法には，修証これ一等なり」を挙げることができます。これは，道元が32歳にして書き上げた『弁道話』に見られる言葉で，「修証一等」とは，「修（修行）と証（悟り）が等しく一つのものである」というとらえ方を表しています。

　通常，悟りは修行の目的として外在しているため，悟りを得るための手段として修行が行われます。ところが，悟りと修行が同じく一つであるとされると，悟りのための修行は，修行のための修行として，自己目的的行為になってしまいます。すなわち，悟りは，もはや目指すべき目的ではなく，修行するプロセスそのものと位置づけられるわけです。

　この考え方は，鎌倉時代に比叡山を中心として広まっていた，そもそも人はそのままで悟っているとする天台本覚思想に対して生じる，「すでに悟っているならどうして修行しなければならないのか」といった疑念に向けた，道元の回答になっています。

　これによって，逆から言えば，修行がそのまま悟りを表しているわけですから，修行のための修行という無意味な自己目的的行為が，そのまま悟りという至高の価値を有するということになります。

　ここには，無意味にしか見えない自己目的的行為そのものに，最高の意味を与えるといった，とらえ方の反転を見ることができます。

▶無意味を楽しむ

　実際，目的達成のための手段的行為は，目的を達成したかどうかという一つの条件でのみ評価されます。それは，市場ルールに基づいているわけです。反対に，自己目的的行為は，何らの目的という条件にも縛られてはいません。したがって，そうした行為自体を丸ごと楽しみ味わうことができます。

　たとえば，健康という目的のためにスポーツをしていたとすれば，もし病気なったときには，「あれほどスポーツに打ち込んだのに」と嘆くことになります。しかし，多くの場合は，スポーツをすること自体を楽しんでいて，逆にケガをする危険を冒してまでも，できる限りは続けたいと願うわけです。

　あるいは，さまざまな趣味でも，何かのために取り組んだり収集したりするのではなく，取り組んでいること自体が，時間を忘れるほどに楽しいと思えるものです。

　自己目的的行為そのものには，たしかに意味がないとも言えます。しかし，それに打ち込んでいる人にとっては，意味がなくても，あるいは意味がないからこそ，それ自体を純粋に楽しみ味わうことができます。

　このように，無意味な自己目的的行為を楽しむことによって，わたしたちは，何らかの目的に縛りつけられた人生ではなく，ただそのものとしてありのままに楽しむことのできる人生の一面に気づくことができます。少なくともそれは，わたしたちの生が，そもそも自己目的的でしかないことを教えてくれます。

第5章 福祉ルール

1. 福祉ルールと「社会福祉」

　先に、「条件付きの肯定」によって「もっと」を求めていくことを、「市場ルール」と呼ぶことにしました。そこで、もう一つの基本ルールである「無条件の肯定」によって、「そのまま」受けいれていくことについては、「福祉ルール」と名づけることにします。

　福祉ルールとは、思いどおりにはならない現実に対して、それを見なかったことにしたり背を向けたりするのではなく、向き合うことによって、そういうものとしてそのまま受けいれようとする基本的な方針のことです。

　市場ルールのときにもふれましたが、あえて「ルール」と呼ぶのは、人々のふるまいを方向づける基本方針であるということだけでなく、その方向に沿っていくことには理由や根拠を見出すことができないからです。

　そして、手に負えないほどに複雑な実際の福祉活動に対して、「無条件の肯定」という基本方針だけをルールとして取り出すことによって、見えてくる何かがあるのではないかという可能性に賭けることができます。

●二つのルール●

　福祉ルールは、福祉活動が開始される出発点であり、その根拠でもありますが、実際の「社会福祉」における活動が、福祉ルールだけで成り立っているなどということはありません。実際に行われている「社会福祉」の実践が二つの基本方針、すなわち、「そのまま」と「もっと」という二つのルールによって成り立っていることは、第3章で整理したとおりです。「基本の構図」

でいうと，「できない人」であれ，どういう状態にある方であっても，そういう「人」として，まずは「そのまま」受けいれることから福祉は始まります。

　しかし，ただ受けいれるだけではなく，「できない」ことによってもたらされる問題に対してその方の暮らしを支えて成り立たせるために，飲み込みやすい食事を作るとか，車イスの形状を変えるなどといったさまざまな工夫を凝らすことによって，生活状況や取り巻く環境を変えていこうとします。

　すなわち，その暮らしぶりについて改善できることは，市場ルールに基づいて，可能な限り「もっと」変えていこうとするのであって，福祉ルールに従って何もかも「そのまま」受け入れればよい，などというわけではありません。たしかに，福祉は，福祉ルールに従って，現実を受けいれることから始まりますが，そこに市場ルールがまったく取り入れられないなどということはなく，くり返してきたように，市場ルールが設定する条件に応じてグラデーションになっているわけです。

●現状肯定●

　市場ルールは，そもそも現状否定に基づいていました。現状に満たされていれば，あえて「もっと」を求めようとする動機が生じないからです。それに対して福祉ルールにおいては，現状がそのまま受けいれられていくわけですから，文字どおり現状肯定そのものであると言えます。

　しかし，現状を受けいれて肯定してしまえば，そこからは何の動きも生じてはきません。「現状を受けいれました，以上」になってしまうと，そこから何かをすることによって変化を生み出す必要はなくなってしまいます。ブレーキだけでは動くことができないのです。

　したがって，受けいれて終わりとなる福祉ルールなどというものに，何の意味があるのだろうかという疑問も浮かびます。たしかに福祉ルール単体には，何も存在意義を見出すことができないようにも見えます。しかし，少なくとも福祉ルールには，市場ルールの暴走を止めるというとても重要な役割があります。先にもふれたように，アクセルに対するブレーキの役割を果たすのです。

2．福祉ルールの役割

●「T4作戦」●

　市場ルールは，自身が生み出した優生思想に，歯止めをかけることができませんでした。先には，相模原の事件を取り上げましたが，一般に優生思想の実例としてまず挙げられるは，ナチスの「T4作戦」です。

　優生思想の歴史的な背景として，ダーウィンの進化論がきっかけとなり，優秀な遺伝形質を多く残し劣等なものは排除するのが望ましいとする「優生学」が，ドイツで起こったことを挙げることができます。そして，それを根拠に，障がい者への差別行為を正当化する「優生思想」が生まれ，ドイツや日本といった，国民に過度な負担や犠牲を強いてでも戦争での勝利を至上とする軍国主義の政策に，利用されるようになりました。

　とりわけナチス政権下では，第二次大戦勃発とともに，「治癒できない患者を安楽死させる権限」，すなわち，排除の選別をする権限が医師たちに与えられ，管理局の所在地番号からT4作戦と名づけられました。

　このT4作戦によって，全国6カ所の施設で，医師らに「生きる価値がない」とされた患者たちがガス室に送られ，1939年10月から1941年8月までの2年弱の間に，精神・知的障がい者や治る見込みがないとされた患者7万人の命が奪われました。ナチスはこの作戦について，「恵みの死」とか「慈悲殺」と呼んで，本人・家族・社会のためであると宣伝し続けました。

●司教フォン・ガーレン●

　こうした作戦に対し，ミュンスターの司教フォン・ガーレン（1878-1946）は，1941年の夏に行った説教のなかで「恵みの死ではなく単なる殺害だ」と明言し，次のように述べました。

　　「もし，人間が『非生産的な』人間を殺してもよいという原則を確立し適用するならば，わたしたちが年老いて虚弱になったとき，私たちす

べてに災いが生じます！　もし，人が非生産的な人たちを殺すことが許されるならば，生産過程で彼らの健康と力を使い果たし，犠牲になった病弱な人たちに災いが生じます。もし，人が非生産的な仲間を排除することが許されるならば，忠誠なる兵士たちが，戦傷者として，深刻な障害を伴って故郷に帰るならば，災いが生じます。」

（『障害者の安楽死計画とホロコースト』）

　ナチスはこうした説教の原稿を没収しようとしましたが，数多くの書き写しが作られて全国の教会に送られ，そこから，信者たちの手へと拡散していきました。司教の説教からわずか20日後，大衆の不安感が高まるのを知ったヒトラーは，T4作戦の中止を命じました。人々の間で福祉ルールが意識され始めたとき，市場ルールが生み出した優生思想は，その勢いを失っていったと言えます。まさにブレーキがかかったのです。

　しかし，市場ルールがいったん動き始めると自らを止めることができないように，作戦中止命令が出されたあとにも，各地で優生思想を信奉する医師らが自発的に殺害を継続し，「野生化した安楽死」と呼ばれる殺害によって，終戦までに合計20万を超える人々が犠牲となりました。

　また，T4作戦当時であっても，精神病者や遺伝病者のほか，労働能力の欠如や脱走，反抗や不潔なども対象にすべきとされていたのですが，「野生化」することによってその範囲も拡大されていったと言われています。

●優生思想と福祉ルール●

　このように，ひとたび「価値がある」と「価値がない」などといった生への線引きが始められれば，その線は何の根拠もなく，ほしいままに，気分次第で引かれていきます。

　市場ルールに基づくこうした優生思想を食い止めるためには，一切の線引きをやめる以外にはありません。それは，「すべての生には，まったく無条件に価値がある」とする福祉ルールを提示することです。

　もちろん，どれほど福祉ルールを前面に押し出したところで，市場ルール

をなくしてしまうことはできません。そのため，そこから生まれる優生思想を根絶させることもまたできません。

　くり返してきたように，現実は市場ルールの設定する条件によって，グラデーションをなしています。このとき，福祉ルールを押し出していくことは，両者の濃淡を変えていくことになります。それによって，人々のこころから優生思想そのものが消え去るわけではありません。とはいえ，それを単なる思想にとどめ，こうした考え方が現実に行使されないよう食い止めることにはつながります。

●市場ルールのブレーキ●

　上記のように，市場ルールというアクセルによる暴走は，福祉ルールの提示というブレーキによってのみ，止めることが可能になります。福祉ルールとは無条件の肯定であって，いかなる線引きをも条件づけとして拒否し，市場ルールの条件づけによって排除されようとする人々の生をも，無条件に受け入れていこうとすることだからです。

　ただし，市場ルールが発展や成長といった目に見える価値を生み出すのに対して，福祉ルールそれ自体には，何かの価値をもたらすようには見えないとも言えます。そのため，福祉ルールは，もろくて容易に葬られるようなルールにすぎないことになります。

　しかし，一人ひとりそれぞれが福祉ルールを意識することによって，「ありのままに価値がある」と信じて守り抜くこと以外に，市場ルールの線引きにブレーキをかける手立てが存在しないということはたしかです。

3．「できない」とき

　「自分のことは自分でしなさい」という市場ルールでは，取り扱うことのできない現実があります。自分のことを自分では「できない」ときのことです。「する／しない」といった選択ではなく，どれほど自分でしたいと願っても，どれほどの努力を重ねてがんばっても，現実にはできないときがあり

ます。

　人は，できることが限られた状態で，この世に投げ出されてきます。そして，少しずつできるようになったとしても，いずれはできることを減らしながら，やがて死を迎えます。

　すなわち，「基本の構図」での言葉を用いると，たとえ，今「できる人」であるとしても，かつては「できない人」でしたし，いずれは「できない人」になります。同じ「人」であっても，「できない」「できる」は変化していくわけです。

　できることの限られた赤ん坊に対して，親はただその存在を全力で肯定し，生まれてきてくれたことに感謝します。そこには，赤ん坊を至上の存在として無条件に肯定する福祉ルールが，間違いなく作動しています。逆にいうと，人は誰しも，福祉ルールなしに生まれて育ってくることができないということになります。

　もちろん，できることが増えていくにしたがって市場ルールによる条件設定が高くなり，グラデーションが濃くなっていくことはたしかです。とはいえ，その生の出発点において，人が福祉ルールに包まれていたことは，それ以上に明らかです。

　あるいはまた，できていたにもかかわらず，突然のアクシデントによって，いきなりできない状態になることも決して少なくありません。やがて，すべての人が老いて，あるいは病んで，できることを減らしていきます。もちろん，少しでもできることを増やしていくための，あるいは，できなくなっていく速度を可能な限り遅くするためのプログラムを施すなど，市場ルールにのっとったサポートが提供されていることもまた，たしかです。

　しかし，いずれにしても，人は少しずつ「もっと」を期待されることが難しくなり，「そのまま」受けいれられるようになっていきます。グラデーションにおいて，設定される条件が少しずつ下がっていくわけです。

4.「自立」

　ここで，市場ルールの条件設定が織りなすグラデーションについて，「自立」という言葉の意味するところを手がかりとして，見ていくことにします。

　自立とは，先の「他人に迷惑をかけてはいけない」で見てきたように，他人の手をわずらわせずに，自分のことは自分で行うことという意味です。これが市場ルールの出発点であり，わたしたちは幼いころから，自立に向けてしつけられてきました。

●「自分のこと」●

　ポイントになるのは，ここで言われている「自分のこと」とは，何を意味しているのかということです。

　一般的に，「自立している」という表現でまず思い浮ぶのは，何らかの仕事に就いて，誰からの援助を受けることなく，自分で生活費を稼ぐことです。それこそ，親元から独り立ちして，いわゆる「一人前」になったということです。その先には，家庭を構えて家族を養うことが，目指すべき状態として設定されることもあります。

　これが，従来から「経済的自立」と呼ばれてきた状態です。

　次に，経済的には自立していないけれども，身の周りのほとんどを自分で行うことができるという状態があります。まだ若くて就職する前の段階にある人たちがまず浮かびますが，本来なら仕事に就いているような年齢であっても，ひきこもって外に出ることが難しく親の収入に頼っている人々も，決して少なくはないことが昨今では明らかになってきています。こうした状態については，身の周りのことができるということから，「身辺自立」と呼びならわされてきました。

　先にも見たように，自分のことが自分でできるといっても，見ず知らずの人々による無数のおかげで生活は成り立っているのですが，とりあえず，食事をとることや入浴するなどといった日常生活の動作は，自分でできるとい

うわけです。

●常時介助を必要とする人たち●

　さらには，生まれながらにして，あるいは病気やアクシデントなどによって，身の周りのことも一人では十分に行うことが難しい人々もいます。もちろん，その程度はさまざまで，少し手を貸してもらうだけで大丈夫という人もいれば，寝返りを打つにしても一人ではできず，常時の介助を必要とする人たちもいます。

　そうした常時介助が必要な全身性の重度障がいを抱えている人たちにとって，機能回復訓練が通常目標に設定している身辺自立を達成することは，容易ではありません。つまり，何らかの訓練やプログラムによって，できないことをできるようにすることがいつも可能であるというわけではなく，自らのあり方を変えることができない場合も少なくはないということです。

●「自立生活運動」●

　これまでに見てきたように，変えることができないことは，そのまま受けいれるしかないのでした。「自立」という言葉が，経済的自立や身辺自立を意味している限り，重度の障がいを抱えて常時介助を必要とする人たちは，どこまでも自立することができない人ということになりかねません。

　そこで，そうした人々は，自分たちを変えることはできないのだから，自立という言葉の意味を変えるしかないと考えて，運動を開始しました（自立生活運動）。そうして打ち出されたのが，「自立とは，自己決定することである」という考え方でした。まさに，自立概念の変更を主張したわけです。

　よく言われるたとえですが，不自由な手足を使いながら必死に一人で着替えようとすると，長時間かかります。しかし，他人の手を借りると，10分もあれば着替えをすますことができます。ということは，一人で奮闘していた時間を自分の好きなように決めて，つまり，自己決定しながら過ごすことができます。

　時間をかけて，無理やり身辺自立を目指していくのではなく，他人の介助

を利用すれば，自分で決められる時間や選択の幅は大きく広がり，生活の質を高めることができるというわけです。

●自己決定の尊重●

　自分の望むことを実現し，求めるものを手にすることによって，人は「自分が人生の主人公である」と実感することができます。しかし，たとえば施設では，利用者一人ひとりの意向よりも，集団での生活秩序が優先されがちです。そのため，消灯起床をはじめとするスケジュールや，食事の献立なども，画一的になっていく場合が多くなります。

　あるいは家庭においても，家族だからという規範に基づく無償の介助に対しては，間違いなくありがたいことではあるにせよ，そのために申し訳なくて，自分の意見や要望を伝えることができないといった事態も生じます。

　自己決定を尊重するということは，自分を人生の主人公とすることです。そのためには，十分に保護されている施設や家庭という環境から出て，失敗することや危険があることを承知したうえで，地域での生活を実現したいという願いにつながっていきます。

　とはいえ，常時介助を必要とするので，たとえ地域で生活することができたとしても，常に他人とかかわり続けなければならず，いつも何かをしてもらう立場に置かれてしまいます。だからこそ，逆に，自分の意思に基づく決定を手放すことができないわけです。

●自立概念の変更●

　こうした「自立とは自己決定することである」という自立概念の変更は，1970年代のアメリカで主張され始めました。健常者をモデルとして，少しでも身辺自立を目指して訓練するのが当たり前と思い込んでいた，医療およびリハビリテーションにおける考え方はもちろんのこと，社会通念にまで与えたインパクトの大きさは，計り知れないものでした。

　それまで身体的な機能回復にとどまっていたリハビリテーションの目的が，自立概念の変更によって，自己決定をも含めて，尊厳やその人らしさの

回復を目指す「全人間的復権」へと拡張されたほどです。

　このように，「自立」の意味するところが，稼ぐことや，できることから，決めることへと変更されていきました。それによって，グラデーションにおける条件設定が福祉ルールの無条件へと，大きく引き寄せられていったことを見てとることができます。

●自己決定という条件●

　ただし，こうした自立概念の変更が，福祉ルールそのものを成立させているわけではありません。というのも，自己決定することが一つの条件になっており，無条件とは言えないからです。

　たしかに，生活費を稼ぐことや身の周りのことができることに比べ，自分で決めることを自立とすることによって，グラデーションはかなり淡くなりました。しかし，自己決定が条件になっている限り，自己決定のできない人はどうすればいいのか，という問題は残ってしまいます。

　もともと，理念とは，何かを望ましいとすることの表明です。自立という理念に対する変更では，たとえ身辺自立や経済的自立ができなくても，自己決定することが自立であり，望ましいことであると位置づけました。しかし，何かを望ましいと位置づければ，その何かができなかったり，なかったりした場合は，そこから取り残されていくことになります。

　理念によって何かを望ましいとすることは，どうしても一つの条件づけになってしまうので，どれほどハードルを下げようとも，「条件付きの肯定」である市場ルールに回収されてしまうわけです。

5．福祉ルールの問題

　福祉ルールとは，「無条件の肯定」でした。それは，どれほど否定的な状態にあっても，望ましくない状況に置かれていても，そのまま無条件に受けいれられ，肯定されることを意味していました。端的には，「寛容」を表しているとも言えます。

　寛容とは，「もっと」など，何らかの条件を必要としないことであり，「そのまま」を受けいれるという意味で，市場ルールの「条件付き」とは異なる役割を担っています。

　福祉ルールは，市場ルールが求める「もっと」に対して，「そのまま」であることをよしとし，今以上の「もっと」が何も求められていないとして，「もっと」を追い求める動きにブレーキをかけているわけです。とはいえ，たとえ福祉ルールが寛容を表しているからといっても，福祉ルールだけで成り立つような世界を実現すればよいなどということは，決してありません。

　福祉ルールが抱えている問題として，大きく以下の二点を挙げることができます。

●福祉ルールの問題①：怠惰と堕落●

　一つには，どれほど否定的な状態であっても肯定的にとらえられ，すべてが無条件に受けいれられるのであれば，成長に向けた努力や節制などをあえて行うことが不要となってしまう，という問題を挙げることができます。なぜなら，人はこのままでは良くないといった現状否定を自覚するからこそ，何らかの努力や節制を，たとえそれが大変で，できればやらずにすませたいと思ってもやるしかないと決めて，何とかがんばろうとするからです。

　しかし，現状がそのままでよいと肯定されてしまうのであれば，努力の有無にかかわらず，今のままで大丈夫だということになります。あるいは，節制やがまんなどをせずに，望むままにふるまってもかまわないということになってしまいます。

　つまり，何をしてもいいし，何もしなくていいということになり，結局はどうでもいいといった投げやりな態度や，何もする気にならない怠惰だけが残されることになるわけです。

●福祉ルールの問題②：忍従の強要●

　もう一つの問題としては，たとえどれほど悲惨で否定的な状況に置かれていても，ただそれを肯定的に受け入れることが求められるのであれば，それ

は，ただ単に耐え忍ぶだけの姿勢を強いることになってしまう，という問題
を挙げることができます。

　無条件に現状を肯定するということが，肯定する側の寛容を表しているの
はたしかです。ところが，肯定することが他の人々から強要されるようにな
ると，そこに露骨な差別的排除や暴力的な迫害があったとしても，それをそ
のまま受けいれるよう，圧力がかけられることにつながってしまうわけで
す。本来受けいれるべき側（たとえばマジョリティ）が，受けいれられる側
（マイノリティ）に対して「自己責任」を押しつけ，それによって，現状を
「そのまま」受けいれさせようとするわけです。

　社会の公的なあり方に本来責任を持つべき人たちにとって，そうした忍従
を強いる状況は，改善に向けてのコストを削減することにつながるので，き
わめて好都合であるということはたしかです。しかし，虐げられ追いやられ
ている人々に対しては，ただの理不尽さを強いることになり，耐え忍んで言
いなりになることを求めるだけになってしまいます。

　たしかに，思いどおりにならないことや変えられないことについては，無
条件に受けいれるしかありません。だからといって，望ましくない状態や状
況に対して，変えようとしなくてもよいということではありません。そこに
は，あきらめたり放置したりするのではなく，少しでも改善できる点を探し
出し，コストをかけてでも変えられることは変えていこうとする姿勢が求め
られています。

　このように，「無条件に」「そのまま」「ありのまま」には，本来変えるべき
ことの手間を惜しんで，ただ受けいれるようにと強いることに利用されてし
まうという危険性も，少なからず含まれているというわけです。

　無条件の肯定に基づく福祉ルールによって，たしかに大いなる寛容さを示
すこともできますが，それだけでは，投げやりな態度や理不尽な忍従をもた
らすだけの結果につながりかねないといった問題を，有していることになり
ます。

■コラム5：研究者の規定

研究者たちは「社会福祉」について，どのように規定しているのでしょう。

▶仲村優一

『ブリタニカ国際大百科事典』の「社会福祉」の項目を執筆した仲村優一 (1921-2015) は，社会福祉という概念は二種類あると述べています。

一つは，目的概念であって，社会的な制度や政策によって実現しようとしてきた状態であり，「社会ないし国民全体の幸福」といった意味で用いられているとされています。これは，先に見てきた語源から読み取ることのできる「幸せ」といった意味を表していると言えます。

もう一つは，実体概念であり，各種制度の下で提供される給付や支援のサービスを示すものであるとされています。これはまさに，法律のなかでも，社会福祉法が網羅的に列挙しようとした方向性を表したものになっています。

このように社会福祉の概念には二種類があることを指摘したうえで，仲村は主に実体概念についての説明を行っていきます。

▶古川孝順

それに対して，戦後の社会福祉研究において，先行する代表的な概念規定を子細に検討したうえで，自らの規定を「総合複合論的規定」として提示したのが，古川孝順 (1942-) です。彼は，もともと大著『社会福祉原論』(2003) において定義づけを試みたのですが，後になって，『社会福祉学の原理と政策』(2021) で修正したのが以下の定義です。

「社会福祉とは，現代の社会において社会的にバルネラブルな状態にある人びとにたいして社会的，公共的に提供される生活支援施策の一つであり，人びとの自律生活を支援し，その自己実現と社会参加を促進するとともに，生活協同体としての社会の保全，存続，発展に寄与することを目的とする施策の体系である。より具体的には，社会福祉とは，生活上に不安，困難，支障のある人びとの自律生活と生活協同体を支援することを目的に，国，自治体，民間の組織や団体，さらには市民によって提供される

　　生活支援の政策，制度，援助であり，それらを支え，方向づける専門的な
　　知識や技術の総体である。」

　まさに，「先行研究の成果を継承しながらできるだけ総合的，包括的に」規
定しようと試みたもので，最も長大な概念規定になっています。

▶岩崎晋也

　これと対照的なのが，福祉の原理を人類史的な展開から導き出そうとした，
岩崎晋也（1961-）です。岩崎は，その著『福祉原理』（2018）の「はじめに」
において，血縁や地縁といったもとからの「『関係のない他者』を援助する仕
組み」を，「本書では『福祉』と呼ぶ」として，まさに簡潔をきわめた規定を提
示しています。

　また，彼はこの「援助する仕組み」を，「社会の仕組み」と位置づけたうえで
考察を進めています。

　それに対して本書では，この文言の前半「援助する」という「ふるまい」に
焦点を当てており，「仕組み」についてふれることはありません。

第6章 コントロールを失うとき

　さて，ここから後半部に入っていきます。

　ここまでは，まず，目を背けずに踏みとどまるという福祉の出発点を確認し，次に，現実に向き合う際には，「条件付きの肯定」と「無条件の肯定」といった二つのルールをグラデーションで用いていることについて見てきました。

　また，「条件付きの肯定」である市場ルールには，現状否定と自己目的性という特徴があり，条件のクリアは，「できる／できない」の線引きにつながっているのでした。さらに，「無条件の肯定」という福祉ルールには，市場ルールのブレーキという役割があるのですが，それだけでは，投げやりな怠惰や理不尽な忍従を強いることにつながっていく，という危険がひそんでいることにもふれました。

　ここからの後半部では，「福祉」や「市場」といった領域を越えて，まず，これら二つのルールが人々の生き方や考え方にどのような影響を及ぼしているのかといったことについて，極端な例を取り上げることで明らかにしていきます（第6・7章）。続いて，ルールを「何かを何かに変える」こととして変換式で表し（第8章），福祉とはまったく異なる分野において，福祉ルールの変換式が活用されていることに目を向けていきます（第9章）。そして，「はじめに」でふれたように，二つの変換式を根底で支えている二つの論理について，論じることにします（第10・11章）。

1．市場ルールによる自己像

　ここではまず，個人の生き方について，市場ルールによって強く影響を受けた場合，どのようになるのかといったことについて説明していきます。

●誕生と福祉ルール●

　人は，赤ん坊として，ほとんど無力と言っていいような状態で生まれます。そのため，他人によってお世話してもらわなければ，生き延びることができません。すなわち，できることがとても限られた状態であって，だからこそ，他人から無条件に受けいれられ，世話をしてもらうことによって生きていくことができるわけです。

　わたしたちは自分の生を，無条件の肯定である福祉ルールとともに開始していきます。そして，育っていくにつれて，「できること」が増えていき，「したいこと」や「したくないこと」の区別もついてきます。そうすると，「できる／できない」「する／しない」といったさまざまな基準や条件に基づいて，肯定されたり否定されたりしていきます。ほめられることによってプラスの評価を得ますし，叱られることによってマイナスに評価されていることを知るわけです。

　こうしてわたしたちは，少しずつ市場ルールを適用するようになり，承認されたり叱責されたりすることによって，努力や節制を行って，結果的に成長や発達を遂げていきます。

●健全な自己愛●

　人は，福祉ルールによって周囲から無条件に肯定されることで，言葉にすることはなくとも「愛されている」ことを実感し，それに応じて，人それぞれに愛される価値のある存在として，自分で自分を肯定していくようになります。愛されているという実感が，健全な自己愛を育てていくというわけです。

　もちろん，無条件に肯定されるだけでは，単に甘やかされているにすぎず，自らを律したり，努力したりする機会が失われてしまいますから，市場ルールによる条件設定とそのクリアもまた，必要になります。

　そして，一方では条件が設定されて，それがクリアできるとほめられることになりますが，もう一方で，クリアできなかったときに周囲がどのように反応するかが，人の生き方に大きな影響を及ぼします。それは，クリアできなかったからとただ否定されてしまうのか，それとも，クリアできなくても受けいれてもらえたうえで，今度はがんばろうと支えられるのかといった違いです。

　その程度はグラデーションになってはいますが，人は，切り捨てるための否定なのか，次に向けたダメ出しなのかといったことに敏感です。あるいは，クリアできたかどうかという結果だけで評価されるのか，クリアしようとがんばっていた過程も評価されるのか，といった違いであるとも言えます。後者では，無条件の肯定をベースとしながら，クリアを目指す過程も評価対象とされており，クリアしたかどうかという結果は，付加的な条件にとどめられています。

● 「自分を愛せない」状態 ●
　以上のように，わたしたちは次々と条件をクリアしていくことで成長していくわけですが，その背景にどの程度無条件の肯定が控えているのか，あるいは，それを感じ取ることができるかということによって，健全な自己愛が育っていくことに影響が及んでいきます。

　無条件の肯定である愛情を注がれることは，子どもにとって「こころのミルク」を飲むようなもので，十分なミルクを飲むことができれば，こころは満たされ，安定し，自分をそのまま受けいれることができるようなります。

　ところが，あくまでも程度の問題ではありますが，無条件の肯定としての愛情が周囲から十分に得られない場合には，自分を受けいれていく自己愛があまり育たないこともあります。いわゆる「自分を愛せない」状態です。ありのままの自分は，無条件に愛される価値がないと思い込んでしまうわけで

す。
　自己を無条件に肯定できないということは，自分の現状に対して否定的にとらえることを意味しています。しかし，何をもって十分な愛情とするのかについては，決まった基準があるわけではありませんし，「無条件」と「条件付き」とのバランスを求めても，何らかの偏りは生じるものですから，誰しもどこかに自分自身に対する「愛せなさ」を抱えているということになります。

●条件付きの承認●

　いずれにしても，こうした自己否定を解消するためには，本来であれば周囲から無条件に肯定されることが望ましいのですが，それがかなわない場合には，一定の条件をクリアして何らかの成果をあげることによって承認され，ほめられることで代替するしかありません。
　そして，承認され続けるためには，ある条件がクリアできたとしても，さらなる条件を自分で設定し，それらをクリアし続けなければなりません。つまり，「もっと」クリアしていかなければならない，といった市場ルールに大きく影響されるわけです。
　しかし，人のできることには限界があります。どこかの段階でクリアできない条件にぶつかります。そのとき，通常人は，おのれの限界を知り，条件を下げていきます。条件が下がれば，得られる評価も下がってしまいますが，できないことはできないとあきらめつつ，自分というものを知っていきます。

●理想我と現実我●

　ところが，自己愛が十分に育って安定していない人たちにとって，周囲から認められないことは，致命的なこととなります。自分ではありのままの自分を受けいれることができないため，周囲から受けいれてもらわなければ，自分を支えることができないからです。
　周囲の承認が得られなければ，ありのままでは受けいれられることのない

自分と，向き合わなければならなくなります。そのため，クリアできなかったときには，これまでの負けを一気に取り戻すかのように，条件をさらに高めていきます。そして，再びそれがかなわないと，条件は一層高く設定され，いつしかクリアすることが現実的ではないような条件だけが残されることになります。

　結局，市場ルールの条件付き肯定に基づいて自分を満たそうとすれば，条件をクリアしていく「あるべき姿」（理想我）を目指しながらも，とうていそこに届くことはなく，「ありのままの姿」（現実我）とのギャップにさいなまれるような自己像に行きついてしまいます。市場ルールは「もっと」を求めるだけなので，どこまで行っても満たされることがありません。

●みじめな「ありのままの姿」●

　本来であれば，無条件に肯定されることで自らを満たして，安定させたかったのですが，それを周囲から十分には得ることができなかったため，条件付きの肯定で埋め合わせようとしました。

　しかし，柔軟に条件を下げたりすることができなかったために，クリアすべき条件やあるべき姿はどんどん高みへと昇っていき，ついには手が届くはずもないような姿が，理想我として位置づけられるようになります。

　そうしたあるべき姿に比べるとき，ありのままの姿は余計，みじめでくだらないものに見えてしまいます。それは，少なくとも「これでよし」と満足できる姿ではありません。そして，やはり自分はありのままでは誰からも愛されないと，確認してしまうわけです。それは，たとえようもないほどにつらく悲しいことです。

2．自分からの逃避

　上記の理由から，人はありのままの自分を見ないようにと，最大限の努力をします。この目的を最もかなえてくれるのは，何かに夢中になることです。実際，我を忘れたいがために，必死で勉強に打ち込んだり，スポーツの

練習に取り組んだりすることはありえます。

　しかし，努力の量と成果とは，必ずしも比例するわけではありません。がんばったら必ず良い結果が得られるなどということもなければ，それほどがんばらなくても，楽にずっと先へ行ってしまう人たちもいます。そこで，もっと手近に自分を忘れさせてくれるような何かがあれば，それにはまります。

●自分を忘れさせてくれる何か●

　おそらくその何かは，最初は，あるべき姿とかけ離れ，愛される価値のない姿をさらす自分から目をそらせてくれるという，目的のための手段でした。

　たとえば，現実を忘れて陶酔状態へと連れていってくれるお酒。あるいは，自分自身を体重という数値で目に見える形にしたうえで，コントロールしている実感が持てるダイエット。さらには，片時も安心できないほどに心配をかけてくるようなパートナーのことを四六時中ずっと気遣って，お世話をし続けることなど。

　いずれも，見たくない自分を見ないですませてくれるための，身近にある手段なのです。すなわち，見ないですますという目的を外在させた，目的外在的行為であったということになります。ところがはまっていくうちに，それらは自己目的化します。

●機会飲酒●

　目的外在的行為は，目的が発生したときに行われます。たとえば，飲酒を例にすると，人と人との交流を深めるという目的に応じて，歓迎会や忘年会などといったイベントで飲酒をする場合が，これに当てはまります。

　もちろん，同じ目的でも，もっと少人数の集まりもありますし，うれしいことを祝ったり，つらいことをなげいたりするなど，個人的な出来事に応じて飲むこともあります。こういう飲み方は，「機会飲酒」と呼ばれています。

●常習飲酒●

　飲酒に限りませんが，その行為によって楽しく快い時間を過ごすことができた場合，あるいは，見たくない自分を見ないですませてくれるような経験がもてた場合には，当初の外在的な目的が特に発生していなくても，その行為をくり返すようになります。つまり，その行為そのものが，少しずつ目的化していくわけです。交流を深めるなどの外在的な目的に応じて飲酒が行われたときには，それによって普段とは異なる気分になったり，いつもとは違う雰囲気が創り出されたりしていました。

　ところが，飲酒によってもたらされた気分や雰囲気などの結果そのものが望ましいものであるときには，目的とは関係なく，そうした結果を求めて飲酒が行われることになります。飲酒があって，何らかの結果が得られていたのに対して，その結果を得るための飲酒，という位置づけになっていくわけです。

　そうすると，何らかの目的を達成するための飲酒ではなく，飲酒によって得られる結果の状態が目的になり，何かのための飲酒ではなく，飲酒による結果のための飲酒として，自己目的化していきます。

　こうして，何かの目的を実現するためではなく，それ自体を行うことがくり返されていくと，その行為は習慣になります。習慣とは，実現するべき目的が背景に退いて，それを行うことそのものが当たり前になっている状態です。たとえば，毎朝の洗面のように，特段意識することもなくいつものように行われていることについては，何らかの事情で行えないと，落ち着かない感じがします。飲酒の場合，こうして習慣化した飲み方は，「常習飲酒」と呼ばれています。

●大量常習飲酒●

　飲酒では，酩酊などの効果を得るために，摂取すべき量が増えていくこともあります。いわゆる耐性ができてくるわけです。それによって摂取量が増えていき，これまで以上に酩酊の度合いが深まって，たとえば，ところかまわず寝てしまうような状態になるまで飲む量が増えているような場合は，

「大量常習飲酒」と呼ばれています。

　ただし，ここまでであれば，まだ酔って寝てしまうという目的を実現するために飲んでいると言えなくもありません。ですから，いくら大量とはいえ，酔って眠くなってくれば，自ら飲むのを控えたりやめたりします。というのも，眠くなるほどに酔うという目的が，飲酒という手段によって達成されているからです。一応，目的外在的行為であると言えなくもありません。

●問題飲酒●

　大量常習飲酒を続けていると，意識の覚醒レベルが低下し，ケガや事故，暴言や暴力，酩酊時の記憶を失う（ブラックアウト）など，さまざまなトラブルをくり返し引き起こしてしまうことがあります。

　そういう状態については，あらためて「問題飲酒」と呼ばれています。周囲の人たちが「そこまで飲まなくてもいいのに」と思い始めるような飲み方です。ただし，この問題飲酒については，大量常習飲酒の延長線上に現れるだけでなく，機会飲酒でも飲み過ぎると生じることがあります。

　いずれにしても，本来であれば，わざわざトラブルを起こすために飲んでいるのではないはずですから，問題飲酒は，本人が求める目的の実現をすでに通り越している飲み方だということになります。心地良い酩酊の度合いで止めることができなくなっているわけです。飲酒が本人のコントロールを離れ始めているということになります。

　そして，さらに飲酒を重ねていると，ついにそのときが来ます。

●連続飲酒発作●

　飲酒に対する本人のコントロールはまったく失われ，自らの意思では飲酒を止めることができない状態に陥ります。「連続飲酒発作」と呼ばれていますが，いったんこの発作が始まると，何時間でも，場合によっては何日でも，意識が戻って身体が動く限り，ロボットのように飲み続けます。

　このように，自らの意志では飲むことをやめられないようになること，すなわち飲酒に対するコントロール喪失状態を，アルコール依存症と言いま

す。一度この発作に陥ると，以後，何年断酒したところで，飲酒に対するコントロールが戻ることは一生ありません。すなわち，一口でも飲めば，自分の意思で飲酒を中断することは，二度とできなくなります。

　たとえば，ひとたび自転車に乗ることができるようになれば，何年乗っていなくても，すぐに乗ることができます。いったん身体が自転車に乗ることを覚えれば，それが消えてしまうことはありません。それと同じで，ひとたび飲酒に対するコントロールを失えば，何年飲んでいなくても，コントロールできるようにはなりません。自分で飲酒を止めることはもう二度とできないのです。

　ただし，お酒を飲まないでいることは可能なので，断酒を続けることはできます。しかし，もう大丈夫だろうと一口飲むと，再び連続飲酒発作に陥ります。こうして，断酒期間と連続飲酒発作とが交互に訪れる状態は，「山型飲酒サイクル」と呼ばれています。

　連続飲酒発作に陥ると，もはや酔うために飲むといった外在する目的は消え去り，飲酒に対するコントロールは失われて，飲むために飲む状態に陥っています。すなわち，飲酒が自己目的的化し，歯止めを失っているのです。こうした自己目的的行為においては，その目的や意味というものを，どこにも見出すことができません。

　アルコール依存症者が何のために飲み続けるのか，第三者にはもちろんわかりませんが，同様に，本人にも理解することはできません。そのため，雨が降ったからといって飲み，お天気が良いからといって飲みます。すなわち，あらゆることが理由になるということは，そもそもの理由がないということです。すべての理由は後づけということになります。

　とはいえ，この段階にまで到達する人は，それほど多いわけではありません。自転車に乗るためには，それなりの練習を積み重ねることが必要であったように，飲酒に対するコントロールを失うためにも，それなりの飲酒量が必要になります。そして，ほとんどの人たちは，必要な量を摂取するまでに生涯を終えるわけです。

　飲酒による酩酊は，ありのままの姿から目を背けさせてくれる，という効

果を持っています。そのため，見たくないという思いが強ければ強いほど，飲酒はすぐさま習慣化し，さらには，ある一線を越えて飲むために飲む自己目的的行為に変質して，もはや本人のコントロールは及ばなくなってしまうわけです。

3．自分を受けいれるために

●嗜　癖●

　何かに対してコントロール喪失状態に陥ることは，広く嗜癖（アディクション）と呼ばれています。

　嗜癖は大きく分けると，アルコールや薬物などの化学物質に依存する「物質嗜癖」，ダイエットや過食嘔吐，ギャンブルなどの行為がやめられなくなる「行為（過程）嗜癖」，アルコールやギャンブルなどに依存している人を世話することに追われる「関係嗜癖」といった，3パターンがあります。

　三つ目の，依存症者の世話に依存することは，「共依存」とも呼ばれます。他人に必要とされることを必要とするものです。というのも，問題を抱えた他人の世話に没頭している限り，自分の問題と向き合わないですむからです。

　嗜癖はいずれも，無条件には愛されることのないありのままの姿という，自らが作り出した幻を見ないですませてくれるものになっています。見たくないという思いが強いほど，何かに夢中になって「はまる」度合いも強くなり，嗜癖に陥りやすくなります。

　こうしたあるべき姿とのギャップは，とりわけ若いうちは，誰もが抱え込んでいるものですから，嗜癖は特別な人がなるものではなく，誰もがなりうるものであると言えます。あるいは，事故や事件，病気や災害などで，思いもかけず大きく現実が変わってしまって，それを受けいれることができないまま，現実から目をそらすため，何かに夢中になろうとすることも少なくはありません。いずれにせよ，嗜癖とは，人がコントロールを喪失して，自己目的的行為に飲み込まれた状態を指しています。

　では，どうすれば嗜癖から回復することができるのでしょうか。

●嗜癖からの回復●

　自転車に乗れなくなることがないように，治癒して元通りに飲酒をコント
ロールできるようになることはありません。できるのは，飲まずに生きてい
くことだけです。人が，嗜癖に陥るほどにまで何かに夢中になったのは，愛
されることのないありのままの自分を，見ないですませてくれるからでし
た。したがって，そうした行為からの脱却には，いくら否定的にとらえられ
ているとはいえ，何よりもありのままの自己を直視し，受けいれることが必
要だということになります。

　しかし，そんな自分をあえて見たいと思う人はいません。そもそもそれ
は，まさに見たくないものだからです。そして，見たくないと思っているも
のを，他の誰かが無理矢理見せることもできません。さらに目を背けようと
して，また何かに逃げ込むだけです。

　そうだとすれば，見たくないと思って目を背けていたつもりなのに，知ら
ない間に見てしまっていたという状況が求められることになります。本人は
見たくないと思っており，また，見ているつもりもないのだけれど，しか
し，実は見てしまっていたという状況が望ましいといえます。そうした状況
は，孤立してひとりぼっちでいる限り，生まれることはありません。本人は
見たいものしか見ないようにしており，見たくないものを見ないですませる
ために，自己目的的行為にはまっているからです。

　そこで，本人が見たくない自分を見てしまうには，他人の中に自分自身が
映し出されているにもかかわらず，本人は，他人事だと思っているような状
況が望ましいものとなります。すなわち，わたしを映し出す鏡としての他人
が必要なのです。

　しかし，日常の人づき合いでは，みじめなありのままの姿を必死で隠そう
としてきましたから，いわゆる腹を割った素のつきあいなどというものは，
ほとんど望むことができません。そのため，こうした鏡になってくれる他人
とは，ありのままの自己から目を背けようとして，かつて自己目的的行為に
はまっていた人たちということになります。つまり，同じく嗜癖に陥った体
験をしてきた人たちです。

　そうした嗜癖に陥った人たちが自発的に集まって，全国の何百カ所という会場で，あるいはオンラインで，ミーティングが開かれています。

４．ミーティング

　嗜癖に陥った人たちが集うミーティングでのルールは，「言いっ放し，聞きっ放し」とされています。参加者は一人ずつ，「怒り」とか「睡眠」などといったその日のテーマに沿って，自分の体験を話します。時間が決められているわけでもなく，自分が十分に話したと思えたら，「ありがとうございました」で締めます。

　通常のミーティングは，誰かが発言すれば，それを受けて質問やアドバイスなどが出されますが，このミーティングでは先ほどのルールに基づいて，何のコメントもなく次の話し手へと移っていきます。そして，全員に順番が回れば，その日のミーティングは終了し，それぞれが帰路につきます。結局そこでは，参加者一人ひとりが淡々と，自分の愚かな体験を語っているだけです。

　ところが，その場では，みんながみんなの愚かさを受けいれています。こうしたミーティングでは，参加者一人ひとりの愚かさが無条件に肯定されているのです。すなわち，そこは，無条件の肯定という福祉ルールが濃密に作動している場である，ということになります。

　こうしたミーティングが毎夜全国各地で行われ，嗜癖からの回復を願う人たちが，集まり，聞き，話し，帰っていきます。そして，こうしたミーティングに参加し続けているだけで回復していく人たち，つまり，その後一滴の酒も飲むことのない人たちがいます。

●現実否認●
　嗜癖とは，現実を否認する病です。そもそも，ありのままの自分から目を背けたくて何かに夢中になったわけですから，現実を認めないことが出発点になっています。そのため，たとえミーティングに参加するようになったと

しても，最初のうちは，先輩たちの体験談を聞いたところで，「わたしはこいつらとは違う」「わたしは病気なんかではない」など，少なくとも初めから自分が嗜癖という病気であるとを認めることはありません。参加していても，心の中では「わたしは違う」とのつぶやきをくり返し，腕組みをして拒否的な姿勢をとることから始まるのが通常です。

　ところが，いくらかたくなであっても，そうしたミーティングにくり返し参加していれば，その瞬間の訪れることがあります。

　「えっ，それって，俺のことだ」「わたしも，そうだった」

　そこで語られている愚かで恥ずかしい先輩たちの体験談は，まさしくあのときの自分です。それに気づくとき，これまでかたくなに閉じられていた耳が開き，愚かだと思われた先輩たちの言葉は，一つずつ，自分自身のこととして聞こえてきます（コラム6参照）。

●先輩たちの体験談●

　嗜癖においては，夢中になっている何かを手に入れるために，人は何でもします。何でもするのですが，悲しいかな，人の考えることはいずれも似たり寄ったりなので，結局，みんな同じようなことをして手に入れようとします。加えて，それによる失敗や愚かさも，細部は異なるとはいえ，人によってあまり変わることがありません。

　こうして，先輩たちの体験談を通して，図らずも自分自身を見ていたわけです。あれほど目を背け続けてきたありのままの自分が，先輩たちの語りのなかにそのまま映し出され，ずっと目の前にあったということになります。

　そして，ひとたび見てしまったら，もはや見ないですますことはできなくなります。愚かな先輩たちが語っていた姿は，ありのままの自分そのものでした。その事実は，もうなかったことにはできないのです。

　ミーティングでは，誰かが自分の体験を話すたびに，参加者みんなが，「自分もそうだった」「同じことをしていた」と声には出しませんが，うなずきながら耳を傾けています。そこには，語られたことに対する何のコメントもなく，ただ，一人ひとりが静かに自分と向き合っています。すなわち，

語っている他人をそのまま受けいれ，同じことをしていた自分のありのままの姿を見つめているだけです。愚かで，みじめで，誰からも愛されないと思い込んでいたありのままの姿が，他人の語りを通して見えてきます。

　そして，自分の番が来たとき，ありのままの情けない自分について語ることが，少しずつできるようになります。語ることができるということは，自分自身をしっかり見据えることができるようになったということであり，それを受けいれているということです。

　ありのままの自分を受けいれることができるようになっていくとき，自ら作り出したあるべき姿などといった幻は必要なくなり，消えていきます。必死で目を背けようとしたあるべき姿とのギャップもまた，霧散していきます。それであれば，見ないですませようとして何かに夢中になる必要もないわけです。

●回復のストーリー●

　以上は，回復のプロセスをいわばストーリーふうに素描しただけであって，実際にありのままの自分を受けいれて，一滴も飲まずに「しらふ」で生きていけるようになるには，行きつ戻りつしながら何年もの時間が必要になると言われています。

　また，ひとたび嗜癖に陥った人々すべてが，ありのままの自分を受けいれられるなどということもありません。わたしたちは，あるべき姿やなりたい自分という幻を，いつでもどこでも作り出すことができるからです。しかし，どれほどの時間がかかろうとも，回復に向けた道筋だけは，このように確認することができます。

　ここでのポイントは，他の人々とともに，福祉ルールが濃密に作動する場に参加し続けることです。そうすることによって，条件付きでなければ肯定されないと思い込んでいた人たちもまた，少しずつありのままの自分を，無条件に肯定することができるようになるからです。

　市場ルールに強く影響されて暴走し始めた生き方は，福祉ルールによって，少しずつ落ち着いていきます。市場ルールは必ず暴走します。そこには

歯止めが組み込まれていませんから，そもそも暴走するしかないようにできているのです。

　そして，市場ルールの暴走を止めることができるのは，福祉ルールだけです。どこかで「これでよし」と宣言されることによって，「まだダメだ」「もっともっと」といったメッセージが弱まり，落ち着きを取り戻していきます。しかし，疾走したいと願うばかりの市場ルールの側からすれば，ブレーキをかけようとする福祉ルールは単なる邪魔者でしかなく，さまざまな手を使ってその影響力を弱めようとします。

■コラム6：ビルとボブ

▶セルフヘルプ・グループ

　嗜癖からの回復には，福祉ルールにおおわれた時間と空間が不可欠です。そして，そうした時空間を提供してくれるのが，それぞれの嗜癖におちいった人たちが自ら運営するセルフヘルプ・グループ（SHG）です。

　SHGとは，①共通の課題や問題を抱えた当事者や家族によって自主的に運営され，②メンバー同士の相互支援が行われて，③自己や社会の変容を志向する小集団，を指しています。

　SHGのなかでも，アルコール依存症者のミーティングを提供しているのが「アルコホーリクス　アノニマス（AA）」です。これは，「無名のアルコール依存症者たち」を意味しますが，禁酒法が廃止された2年後にあたる1935年にアメリカで誕生し，現在では，全世界に200万人以上のメンバーを有する世界最大のSHGです。

　AAは，ニューヨークで株のディーラーをしていたビル（1895-1971）と外科医のボブ（1879-1959）が出会ったときに，始まったとされています。

▶二人の出会い

　ビルはウォール街で活躍していましたが，1929年の大恐慌による株価暴落で資産をすべて失い，酒におぼれて入退院をくり返していました。

　1934年12月，かつての飲み仲間で今では一滴も飲まないようになった友人が，入院していた精神科病院へ見舞いに来た夜，「完全な絶望と最奥での自我の収縮」によって，これまで毛嫌いしていた「神がおられるという豊かな感覚」に包みこまれるという霊的な体験をして，飲まなくなりました（『アルコホーリクス・アノニマス成年に達する』）。

　その後，出張先の地方都市で，仕事に失敗し無性に飲みたくなったために，教会の住所録からたまたま選んだ聖公会の牧師を介して紹介されたのが，外科医のボブでした。

　ボブは，医学生のころから飲酒によるトラブルをくり返しており，医学部での最終試験では手が震えて鉛筆が持てずに，卒業が半年延びたほどでした。2年間のインターンについては，何とか無事に終えて開業したものの，その後は

飲酒のため，何度も入退院をくり返したといいます。

　ビルと会うときも，15分だけだと言い張って妻に約束したボブでしたが，そのまま6時間以上にわたって話し込んだそうです。そのときの様子についてビルは，「わたしたちの間での話は，完全にお互いの事だった」（同書）と述べています。

　ボブが書いた文章の中では，ビルについて，「彼（ビル）は自分自身の体験からアルコホリズムなるものが何なのかを身をもって知っていた，わたし（ボブ）が話した初めての人間だった」と語り，続けて「彼はわたしの考えを話した（he talked my language）」と述べています（『アルコホーリクス・アノニマス』カッコ内引用者）。

　自分以外のアルコホーリクに初めて出会ったボブは，自分の言葉を彼が語ったのだと確信し，その場で，お互いにアルコホーリクであることにおいて，まったく同じであるということ実感しました。すなわち，ビルの語る言葉に，あれほど見たくなかった自分の姿を，まざまざと見て取ったというわけです。

第7章 | 際限のないゆるしへ

　本章では，「救いとってもらうこと」や「苦しみのない境地」といった，人々が理想として描くような状態に，どのようにすればたどりつくことができるのかという古来の考え方について，整理していきます。福祉ルールとの関連で，クリアすべき条件が少しずつ下げられ，一線を越えて「無条件化」されていく様子を見てとることができます。

1．現状を否定する幻

　嗜癖におちいる人たちは，無条件に自分を肯定することができなくて，ありのままの自分は誰からも愛されないと思い込んでいました。そのため，何らかの条件を設定し，それをクリアすることによって，条件付きの肯定である承認を周囲から得ようとしました。条件をクリアする自分こそが，あるべき姿として位置づけられていたわけです。

　こうしたあるべき姿の設定は，わたしたちの誰もが少なからず行ってきたことにすぎません。理想とまでは言わないにせよ，「こうなりたい」「こんなふうになればいいのに」と，あるべき自分を思い描き，その姿を追い求めることは，程度の差はあれ，誰もが経験してきたことです。

　しかし，条件は，どこまでも高く設定することができますが，それをクリアし続けることには限界があります。そのため，誰しもあるべき姿を実現することが困難になるときがきます。そして，多くの人たちはその時点で，悔しさを胸にしながら，あきらめとともに条件を下げていくわけです。

　ところが，条件付きの肯定を求めてやまない人たちは，条件を下げること

のつらさに耐えることができないため，逆に，一挙に負けを取り返そうとするかのごとく，ますます条件を高く設定していきます。それによって，あるべき姿を自ら遠くへ追いやっていき，もはや到達することなどできるはずもない幻を見上げながら，ありのままのみじめな姿から何とか目をそらそうとして，何かにはまっていったのでした。

●現状否定のメッセージ●

　市場ルールは，たしかに人々を条件のクリアへと駆り立てます。わたしたちはいつも，もっと条件をクリアし続けなければならないと，追い込まれています。

　わたしたちがやむなく市場ルールに参加するのは，「今のままのあなたはダメです」といった，現状否定のメッセージを受けとっているからです。だからこそ，少しでも受けいれてもらうためには，条件をクリアし続けなければならないと思うしかないわけです。

　もちろん，それによって人は成長し，活動は発展していきます。しかしそれは，嗜癖へと追いつめられる人たちが，ありのままの自分は愛される価値がないと思い込み，何かに夢中になることで，ありのままの自分を何とか見ないですまそうとすることと同じです。逆に言えば，市場ルールを中心とする社会は，嗜癖に陥らないことのほうが困難なほどに，現状否定のメッセージで満たされています。

　しかし，「今のままではダメです」といった現状否定のメッセージは，市場ルールが明確に姿を現すよりもずっと前から，人々に投げかけられていました。なぜなら，このメッセージは，人々を支配しコントロールするのに役立つからです。

　たとえば，「そんなことをすると地獄に落ちるぞ」といった古来のおどしは，ありのままの自分は愛されないなどといった設定よりも，はるかに現実味のある恐怖を人々にもたらしていました。地獄とは，いかなる条件をクリアしても，苦痛にさいなまれることから解放されない，というイメージを具体化したものです。

　逆に，極楽とは，ありのままですべてが過不足なく満たされている，という状況を美しくイメージ化したものです。そのため，人は地獄を恐れ，極楽を希求します。というより，人々が恐れおののくしかないような状況を地獄としてイメージ化し，誰もが心の底から求めてやまないような状況を，極楽として描き出したとも言えます。

　そして，こうした二つの極の設定にともなって，「悪いことをすれば地獄へ，善いことをすれば極楽へ」という勧善懲悪や因果応報の道筋が示され，古来，それに沿った物語が数多く生み出されてきました。

●地獄行きという脅し●

　その当時，ほとんどの人々は特段の事情でもない限り，別に悪いことをしているなどという意識もなく，自分が地獄へ行くなどとは思ってもいませんでした。

　しかし，人々は生きていくために，田畑を耕し，漁りをして，狩りを行います。それはすなわち，他の生き物の命を奪うことにつながっています。そうすることなしに，人は生きていくことができません。

　これに対して，「それは殺生という悪である」と決めつける人々が現れます。そういう人々は，食料の生産などにはまったくかかわらないだけでなく，自分の欲をある程度節制しているようにとりつくろうことのできるような人たちです。

　そうなると，生きていくことそのものが悪いことである，ということになります。食べ物の採集に直接携わってきた人たちは，少なからず後ろめたさを感じて，だまるしかありません。そのうえで，「悪いことをすれば地獄に落ちるぞ」と脅されるわけですから，人々が恐れおののいたのも無理はありません。

　ここには明確に，脅す側と脅される側との分断があります。そして，脅す側は断言します。「自分たちの言うことに従えば，地獄をまぬがれるかもしれない」と。

　このように，危機をあおりたて，それを避けるためには「自分たちに従

え」と宣言する構造は，危機の中身こそ変われども，古より現代に至るまでまったく同じであると言えます。その際，あおり立てられる危機は，地獄やウィルスなどのように，できるだけ人々には直接見ることのできない何かに由来することが，望ましくなります。なぜなら，人々に見えないような幻であれば，脅す側の都合で何とでも作り出し，操作して人々をあおることができるからです。

　人々は，ありのままでは愛されないなどといった危機を自ら作り出して，あるべき姿という幻にとりつかれ，それとのギャップを振り払うためにコントロールを失って，嗜癖におちいってしまうことがあるのでした。そして現代でも，現状を否定する幻が巧妙に作り出され，人々はいつしか，従うしかないように追い込まれてしまうことがあります。

2．救いの条件

●救済のストーリー●

　一方には，取り澄ました，したり顔で地獄や危機を説き，不安や恐怖をあおる人たちがいます。もう一方には生きていくことに追われ，しかしそれを悪いことと決めつけられ，そのうえで地獄行きはまぬがれないなどと宣告されて，恐れおののくしかない人たちがいます。

　こうした状況を変えていくためには，二つの条件がクリアされなければなりません。一つは，地獄行きをまぬがれ極楽へ行くための手段を，脅す側ではなく，脅される側が直接手にすることです。もう一つは，その手段が誰にでもできるような，とても容易なことであるということです。

　たとえば，極楽へ行きたいといった願いとともに，短いフレーズをくり返し唱えることなどです。一人ひとりが，ただそうしたフレーズを唱えることによって，大いなる存在がその声を聞き取り，必ず救い取って極楽へ迎えてくれるなどといったストーリーが，こうした条件を見事にクリアしています。できれば，こうして唱えることだけをしていれば大丈夫で，他のことをする必要がまったくないなどという筋書きであると，より好都合になります。

　しかし，こうしたストーリーには，いくつかの問題がひそんでいます。一つは，条件をクリアすることがあまりにも容易すぎて，市場ルールが黙っていないということです。すなわち，フレーズを唱えるだけでいいとしても，数多く唱えれば唱えるほど効果が高いなどといった条件が，いつしか設定されてしまう余地が残されています。

　もちろん，これに対しては，もともと基準などというものがないので，数の多少については不毛な議論にしかなりません。そのため，数の多いほうが良いと考える人たちと，数が少なくても関係ないと考える人たちとに分かれていくしかない，ということになります。

　また，もう一つの問題は，あまりにも容易すぎて本当にこれだけで大丈夫なのだろうかという疑問，救いというとても貴重で価値のあることが，これほどお手軽なことではたして実現できるのだろうかという疑問が，残ってしまうということです。

　これについては，人々にこうしたストーリーを説く人そのものが，信じられるかどうかということにかかってきます。同時に，どれほど容易で頼りないとしても，人々がこのストーリーにすがるしか地獄をまぬがれることができないところまで，追いつめられていることも必要になります。

　しかし，これまで自分たちの都合で条件を設定し，脅す側にいて安穏としていた人々にとっては，こうしたストーリーほど邪魔なものはありません。自分たちの影響力を，決定的に低下させるからです。したがって，このストーリーを人々に説き聞かせている人を攻撃し，同時にストーリーを否定しようとします。

　そうであっても，一部の人たちが自分の都合に合わせて作り上げたものよりも，容易な行いで救われると説くストーリーのほうが人々に受けいれられたのは，間違いありません。

　ところが，このストーリーが広く行き渡ると，フレーズを唱えるだけで救われるのであれば，たとえ悪いことをしようとも，あえて善いことを行わなくてもいいのではないか，といった考え方も出てくるようになります。

　しかしこれは，扱っている領域が異なっています。このストーリーは，フ

レーズを唱えれば救われると宣言しているだけで、それ以外のことをするべきであるとか、しなくてもかまわないなどと、こまごま述べているわけではありません。とはいえ、人々の求める最終ゴールが、ただ救われるかどうかだけにあるとすれば、このストーリーではそれが保証されているわけですから、他のことにまで規制が及ぶことはないということになります。

このように、フレーズを唱えるなど、自分で何かをすることが救われる条件として設定されると、それさえすればいいという安直な考え方が出てくるのを止めることはできません。

●悪人と善人の逆転●

上記の流れから、何かを行うことではなく、背景となる気持ちのありようや心構えを、条件に位置づける考え方も出てきます。たとえば、人は誰しも、他の命をいただくことなしに生きてはいけませんから、自分たちは悪いことからのがれることはできない、という自覚が生じてきます。

ところが、そうした自覚のない人たちは、自分は何ら悪いことをしていない善人なのだから救われるに違いない、と無邪気に思い込んでしまいます。もし、そんな浅はかな善人たちでさえ救われるなら、深く自分を見つめて悪人としての自覚を持つ人であれば、なおさら救われることになります。

そして、こうした悪人としての自覚を持つとき、それに加えてさらに悪いことを行おうとすることなどありません。何かをするとかしないとかにかかわらず、自分は救われる資格がないといった本人の嘆きが、救済の条件になっているからです。

しかし、救いに対する考え方というものは、無条件化を目指し、さらには悪人の自覚さえなくても救われるという方向に進んでいきます。少し振り返っておくと、出発点は現状が否定されていることでした。それは、ありのままでは愛されることのない自分の姿なのかもしれませんし、地獄行きを避けることができない悪人であることなのかもしれません。いずれにしても、それらは、「今のままではダメ」というメッセージの発信元になっています。

そして、何とか地獄行きを避けたいと願う人々の不安につけこんで、自分

たちの指示に従わせようとする人たちが現れます。ただし，この人たちが自
ら登場したとも言えますが，その指示に従っていれば極楽に行けるかもしれ
ないと思った人たちが，指示してくれる人たちを作り出していったとも言え
ます。

　一方には従わせようとした人たちがいて，もう一方には，進んで何かに従
いたいと願った人々がいて，両者の共犯によって作り出された主従関係であ
るというわけです。これに対して，一人ひとりが自分で短いフレーズを唱え
れば，極楽に行くことができると説く教えが登場します。さらには，何かを
する／しないではなく，他の命をいただくという悪を行うことなく生きては
いけないという，悪人の自覚が重視されるようにもなります。

　とはいえ，たとえ悪人の自覚がなく，自らを善人と無邪気にとらえる人が
排除されるわけではありません。そうした浅薄な善人でさえ救われるのだか
ら，自らの悪を深く自覚する悪人は，なおさら救われると説かれていきます。

●際限のないゆるし●

　このように，いったん現状が否定されるものの，そこから抜け出すために
クリアすべき条件が下げられていくとき，ついに究極の考え方が登場しま
す。人が救われることは，限りない過去においてすでに決定済みである，と
いう考え方です。

　誰かの指示に従うかどうか，短いフレーズを唱えるかどうか，悪人として
の自覚を持つかどうか，といったことに一切かかわりなく，救われることは
すでに決まっているという考え方です。ここに，救いの無条件化が完成し，
際限のないゆるしが現れます（コラム7参照）。すべての人は無条件にその
ままで救われる，すわなち，肯定されるというわけですから，これまでに述
べてきた福祉ルールが登場したということになります。

　少しずつ時間をかけて，極楽へ行くための条件を下げようとする方向に，
考え方が進められてきたのですが，ここにおいて，一切の条件が取り払われ
てしまったので，「無条件の肯定」が真っ白であったように，考え方として
は，これ以上漂白することができません。つまり，この先に進むべきところ

がない，究極の考え方に行きついてしまったというわけです。

3．自分の力で

●苦しみのない境地●

　ここまで，大いなるものに救ってもらうための条件について，どのように考えられてきたのかといったことを整理してきました。人々が救われることによってたどり着く極楽とは，すべてが満たされた状況をイメージ化したものでした。

　もう一方には，同じく何の苦しみもない静謐（せいひつ）な境地に向かって，自分の力で到達したいと願う人々もいました。こうした考え方もまた，現状否定から出発します。この生は，あまりにも苦しみに満ちているという自覚です。

　ただし，ここに言われる苦しみとは，「思いどおりにならないこと」を指しています。もし，何かが思いどおりになるのであれば，その思いは満たされているということですから，そこには何らの苦しみもありません。

　ところが，どうしても思いどおりにはならないものがあります。自分という存在です。いつ，どこで，どんな親のもとに生まれたのかといった外側のことだけでなく，性別や素質，容姿やさまざまな能力など，自分自身のことについても何一つ思いどおりになることはありません。

　なぜなら，わたしがこのようなものとして存在するのは，思いが生じる前に与えられていたことであって，わたしとは，このようなものとして世界に投げ出されただけだからです。実際，努力によって達成できることや，何らかの技術によって加工できることもありますが，そもそもの自分という存在自体は，何らかの思いの以前に，このようなものとしてあるとしか言いようがありません。

　よく言われるように，トランプゲームのカードはあくまでも配られるのであって，自分で選び取ることはできません。それで勝負するしかないのです。そして，前にふれたように，このようなものとして無条件にそのまま受けいれてもらうことで，わたしたちの今があります。

　しかし，周囲から無条件に肯定されることが必ずしも十分でない場合には，このようなものとしての自分をそのまま受けいれることができなくて，現代であれば，あるべき姿といった幻を生み出して，ありのままの自分から目を背けようと，むなしい努力にのめり込むこともあるのでした。

　ただし，これは何かにのめり込む余裕と，のめり込める何かにすぐさま手の届く現代の話にすぎません。今日一日を生きていくのに必死で，必要以上に何かが手に入るなどといったこともない時代が長く続いてきましたが，そのような状況で，ありのままの自分をあるべき姿に変えたいと思っても，思いどおりにはなりません。つまり，思いどおりにはならないという苦しみだけが，そこには残されます。

　したがって，ありのままの自分を生きることは，苦しみにすぎないという考え方が生まれることになります。一切は皆，苦しみであるというわけです。

●苦しみから逃れる方法●

　このような苦しみから逃れるための徹底した方法が考え出されます。すべての思いをなくしてしまうことです。

　たしかに，一切の思いをなくしてしまえば，思いどおりにならないという苦しみもまた消え去ることになります。ただし，思いどおりになれば苦しみにはならないので，あえて，すべての思いをなくす必要はないはずです。思いどおりにならない思いだけをなくせばいいとも考えられます。

　ところが，ある思いが，思いどおりにならない思いであるとすれば，そのことは，いったん苦しみを味わうことによってしか，知ることができません。わたしたちは，思いどおりにならないとわかってもその思いにとらわれ，何とか思いどおりにできないものかと，苦しみを抱え続けてもがくものです。そうであれば，最初からすべての思いをなくしてしまえば，まったく苦しみのない静寂な世界が現れるのではないかと考えることもできます。

　すべての思いがなくなるのはどのようなときなのか，あるいは，もしなくすことができたとすればどうなるのか，といった疑問も浮かびますが，ここでは，どういう人であれば思いをなくすことができるのかといった問いにつ

いて，古来どのように考えられてきたのかということを整理します。

　人は，他の人のこととは関係なく，自分だけが苦しみからのがれられれば
いいと考えることもできます。反対に，できるだけ多くの人たちが苦しみか
ら抜け出せるようにしたいと願うこともできます。そして，すべての思いを
なくしてしまえば，苦しみから抜け出すことができるのでした。

　とはいえ，すべての思いをなくすことなど，想像することさえできないこ
とです。したがって，たとえできるとしても，よほど選ばれた人でなければ
ならないのではないかと考えることもできます。

　しかし，もし選ばれた人だけに可能ということにすると，どういう人が選
ばれるのかという条件を設定することになりますが，これでは，先に見てき
た選別する思想になってしまいます。そのような考えでは，できるだけ多く
の人たちが救われることにはなりません。

●「思い」がなくなるとき●

　そこで，まず，すべての人は思いをなくすことができるという可能性を，
前提として置いてみます。可能性はあるけれども，それを開花させるのが難
しいため，思いをなくすことができないだけであるというわけです。可能性
があるということは，未来においてはなくすことができるかもしれないとい
うことですから，未来に託した考え方であるということになります。

　次に，なくすことができるのであれば，もともとなかった，すなわち，な
い状態にあったのではないか，とも考えられます。なかったからこそ，なく
すことができるというわけです。

　たとえば，赤ん坊も泣くことによって，空腹などの不快という思いらしき
ものを周囲に知らせているとも言えますが，人は成長するにしたがって言葉
を獲得し，「あれがしたい，これもしたい」「あれが欲しい，これも欲しい」
といった思いが飛躍的に増えていきます。そして，思いどおりにならないと
いう苦しみもまた，増えていくことになるわけです。

　こうした考え方では，かつては思いなどなかったのだとされており，過去
に目を向けたものになっています。

　未来においてなくすことができる。あるいは，過去においてはなかったと言える，ということになると，残りは現在です。これについては，自然が参照されます。たとえば，山や川，草や木といった自然に目を向けるときや，太陽や月，星たちといった宇宙を見上げるときは，思いなどどこにもありません。したがって，そこに苦しみを見ることもありません。

　そして，人もまた自然に包まれたその一部であると考えるとき，思いなどというものは取るに足らないものであって，ないに等しいということになります。すなわち，自然と一つになることによって，思いなどというものは，ないに等しく，自然も人も，ただありのままにあるだけだ，と考えることができます。

　自然と一つになることなど簡単にできることではないので，これは自然に対して，相当に甘えた考え方だということもできます。ただし，こう考えると，思いどおりにならないという苦しみもまた，泡沫のごとき幻にすぎない，ということになるのはたしかです。

　となれば，いかなる思いもなくす必要がありません。それは，そもそも幻であって，そこにはないものだからです。またもや，無条件に苦しみはないことにされてしまいました。

　こうして，思いをなくそうという努力はすべて不要であり，また，無効である，という考え方が登場することになります（コラム4参照）。そして再び，人は何を目指せばいいのかわからなくなってしまいます。

　このように，何をすればいいのかわからないということは，さきに，福祉ルールの問題として挙げたこととまったく同じです。救われることはすでに決まっているとか，なくすべき思いなどもはやないなどと言って，現状が無条件に肯定されてしまえば，努力や節制などをしてもしなくても，そのままで大丈夫だということになり，結局，何をしてもいいし何もしなくていいということになり，どうすればいいのか分からなくなるのです。

　しかし，何もしなくていいなどと言われたところで，日々の生活に追われているわたしたちにとって，ただ茫然と立ちつくしているわけにはいきません。

　そういう意味ではやはり，無条件の肯定という福祉ルールには，人々の日常からかけ離れた側面が含まれているということにはなります。少なくとも，福祉ルールだけで日々の生活や社会が成り立つことはありえないのはたしかです。

■コラム7：空也と一遍

▶空也上人

「一たびも南無阿弥陀仏という人の蓮のうえにのぼらぬはなし」

この和歌は，平安京の獄舎があった東市の門で，囚人たちの見えるところに建てられた石の卒塔婆に書きつけられていたもので「一度でも南無阿弥陀仏と口にすれば，誰でも蓮の花にたとえられる極楽へ行くことができる」ということを告げています。

獄舎に囚われていた人たちは，自分がなした悪事のせいで地獄行きはまぬがれないと脅えていたところに，一度でも念仏を唱えれば極楽に行けるとの教えを受け，みな涙して喜んだと伝えられています。

この和歌を書きつけたのは，平安中期に京の市中でひたむきに念仏を唱え，乞食をしては得たものを貧者や病人に施し，市聖とも阿弥陀聖とも呼ばれた空也（903-972）です。

彼は若くして諸国を遍歴しながら，打ち捨てられた遺体を荼毘に付したり，悪路や水路を修繕した後，三十代半ばより京で念仏を説き始め，法然が浄土宗を立てるより2世紀以上も前に，念仏を唱えれば誰でも極楽に往生できると説きました。

▶一遍上人

これに対し，鎌倉時代になって，「空也上人はわが先達なり」と述べて敬慕したのが，時宗の開祖とされている一遍（1239-1289）でした。

一遍は10代での出家，20代での還俗，30代での再出家を経て，36歳のとき，あらためてどこにも居を構えることない一所不住の遊行に出立し，南無阿弥陀仏の六字名号を刷った念仏札を人々に配る，「賦算」を開始しました。

ほどなく，道中の熊野本宮にて得た託宣は，「阿弥陀仏の十劫正覚（無限の過去にさとりを開いたとき）に，一切衆生の往生は南無阿弥陀仏と決定するところ也。信不信を選ばず，浄不浄をきらわず，その札を配るべし」（『一遍聖絵』カッコ内引用者）というものでした。熊野権現が一遍に託した思想によると，人々の極楽往生は，何らの条件なしに，ただ無限の過去に決まっているとされたのでした。

　ここに，救済の思想は，究極の姿を現します。際限のない赦しが生み出されたわけです。

　とはいえ，すべてが肯定されてしまうと，何をすればよいのか分からなくなり，逆に身動きがとれなくなります。そのため，究極の思想を突きつけられた一遍は，託宣の最後にある「その札を配るべし」との指令を全力で引き受け，以後，51歳で命が尽きるまでの16年間にわたって，全国行脚をしながら札を配り続け，その相手は，約25万人に及ぶと伝えられています。

　さらに一遍は，空也上人にならって「捨ててこそ」を生き方の根本に据えて，「捨聖」とも呼ばれるようになりました。念仏についても，「地獄を恐るる心をも捨て，極楽を願う心をも捨て」と，何の目的もなくただ唱えるために唱える自己目的的行為としての念仏を説きました。

　そして，死の直前には，わずかな経典や筆録も焼き捨てて無一物となり，最後には「野に捨ててけだものにほどこすべし」と，自分の屍までも捨て去ることを望んだと伝えられています。

第8章 「ルール」の定式化

1.「現実」の受けとめ方

　ここまで，二つの基本的なルールを設定してきました。一つは，「無条件の肯定」に沿って，現実をそのまま受けいれていく「福祉ルール」であり，もう一つは，条件をクリアしていく「条件付きの肯定」によって現実をもっと改善していこうとする「市場ルール」でした。

　以下では，これら二つのルールを記号による変換式として表してみます。それによって，次章で見るように，まったく異なる分野との比較対照が可能になるからです。

●記号による置き換え●

　まず，わたしたちが実際に生きている場は，現実と呼ばれています。単純化すると，物体である「モノ」と，人々の状態やさまざまな出来事などの「コト」から成り立っています。もちろん，現実という言葉には，さらに多くの意味を含ませることもできますが，ここでは最低限，モノとコトで成り立っているということにしておきます。

　逆に言うと，すべてのモノやコトを含んでいるのが，ここにいう現実ということになります。たとえば，ある高齢者への食事介助という現実について言えば，自分で食事をとることができない状態にあるというコト，飲み込みやすくして提供される食事というモノ，あるいは，食堂を設置している施設というモノや，そこでスタッフによって介護が行われているというコト，などが含まれています。

　そうした物事（モノとコト）のすべてを含む現実について，ここでは単なる記号に置き換えて「R」とします。この「R」で表される現実に対して，わたしたちは肯定と否定とを二極とするグラデーションによって，とらえようとします。

　このとき，肯定することを「A」と表すことにします。すると，否定することは，肯定することではないという反対の意味ですから，「非A」と表されることになります。さらに，両者はグラデーションですから，そうした関係のあり方については，「A〜非A」とでも表しておくことにします。

　こうした，肯定すること（A）や，否定すること（非A）は，「R」で表される目の前の現実に対するわたしたちの「受けとめ方」や「とらえ方」を表しています。つまり，同じ「R」に対して，肯定するときもあれば否定するときもありますし，あるいは，肯定する人もいれば，否定する人もいます。

　このように，同じく記号で表されますが，「現実」（R）とわたしたちの「受けとめ方」（A〜非A）とは，まったく別のものであるということには留意しておいてください。

　整理すると，次のようになります。

「現実」　　　→　「R」

「肯定する」　→　「A」

「否定する」　→　「非A」

「肯定と否定を二極とするグラデーションのようす」→「A〜非A」

　しかし，グラデーションの状態をそのつど記号化することはできないので，以下ではグラデーションであることを念頭に置きながらも，二極である「A」と「非A」とで説明していきます。そして，何らかの現実「R」を肯定する（A）ときには，ここだけの一時的な記号である白抜き矢印でつないで「R⇨A」と表すことにします。逆に，何らかの現実「R」を否定する（非A）ときには，「R⇨非A」と表すことにします。すなわち，次のようになります。

　「現実Rを肯定する」　→　「R⇨A」
　「現実Rを否定する」　→　「R⇨非A」

　このとき，もし，何らかの現実がそのままで無条件に OK として肯定されるのであれば，そこでは何らの働きかけも不要ということになります。別の言い方をすると，出発点が「R⇨A」では，そのままで OK になるので，特に何かの改善を目指す働きかけも必要なく，何らかのルールに沿った対処行動は始まらないことになります。

　しかし，もし出発点が現状否定である「R⇨非A」であるなら，現実のどこかが NG として否定されていますから，そこの改善に向けた働きかけが始まり，何らかの動きが生じます。つまり，否定的にとらえられた現実を，肯定できるものに変えていこうとするわけです。その際は，これまで見てきたように，二種類のルールが用いられます。

2．市場ルールの定式化

　一つは，現実を変えることができるのであれば，人は現実を直接改善していこうとします。この場合，改善を実現するという条件のクリアは，実際的に表すと「もっと○○」であるよう変化させることとなり，たとえば市場の商品に対しては，「もっとコストを下げて」「もっと使いやすいものに」などといったことが求められます。市場に参入する人々についても，「もっと効率よく」「もっと利益を上げて」などといったことが要請されるわけです。

　市場とは，現状を NG とし，そこからの「もっと」を求めていくというルールに基づく活動が行われる場でした。すなわち，可能な限りコストを少なくしながら最大の利益を得ようとする効率重視に基づいているため，「もっと」を求めるルールに基づいている限り，現状維持にとどまることはできません。そこで，元の現実「R」に対して改善された現実については，改善のしるしとしてプラスアルファをつけて，「R + a」と表すことにします。

この「＋α」は，端的に「もっと」を表しているだけですから，その内容が決まっているわけではありません。端的には，お金で換算される利益などが思い浮かびますが，テストの点数かもしれませんし，試合での得点や競技での記録かもしれません。

ちなみに，「もっと」という表現を用いていますが，そこにはゼロに近づけていくような，少なくする動きも含まれます。たとえば，ゴミを減らすとか，ミスをなくすとか，コストを下げるなどにおいても，「もっと」を使うことができます。

市場ルールではそもそも現状の現実が否定されていましたので，「R⇨非A」から始まり，何らかの条件がクリアされて，もっと改善がほどこされた現実である「R＋α」が肯定されることになりますから，「R＋α⇨A」となります。つまり，市場ルールでの変換を定式化すると，次のようになります。

市場ルールによる変換：「R⇨非A」→「R＋α⇨A」

文章にすると，「否定されていた現実が，条件のクリアによってプラスアルファとなり，肯定される」となります。

くり返しますが，市場ルールに基づくとき，わたしたちは現実を直接変えて改善しようとします。改善にともなって肯定されるため，市場ルールによって改善された現実だけを抜き出して単純化すると，次のようになります。

市場ルール：「R→R＋α」

文章にすると，「現実を改善してプラスアルファとする」になります。現実を「もっと（＋α）」改善するというわけです。

●「コップ半分の水」のたとえ●
ここで，現実について，よく持ち出される例である「コップ半分の水」としてみます。

「コップ半分の水」で十分であると肯定されると，何らの動きも開始されません。しかし，「半分しかない，困った」として否定的にとらえられると，何らかの対応が必要となります。そして，手近なところに水道などがある場合は，コップを水で満たすことができて，「よかった」と肯定されることになります。

ここではまさに市場ルールに基づく働きかけが行われており，水がコップ半分しかなくて困っていたところに，水を足すことで十分になったというわけです。式にすると以下のようになります。

「コップ半分の水」（R）→「コップ満杯の水」（R＋α）

このように，市場ルールを用いることによって，現状に対して絶えず「もっと（＋a）」の実現を目指すことが求められ，「もっと（＋a）」を実現する条件がクリアされると肯定的に評価されますが，クリアできない場合には否定的な評価が下されることになります。

3．福祉ルールの定式化

市場ルールは，現実を直接改善する際に用いられるルールでした。

それに対して，現状が否定的にとらえられることを出発点とするのは同じなのですが，現実を思いどおりに変えることができない場合があります。そのときは，変えられるのが現実に対する受けとめ方だけになるので，受けとめ方自体を変えるしかありません。

もしくは，現実を変えることもできず，受けとめ方も変えないのなら，その現実は否定されるだけなので，見なかったことにされたりすることになります。すなわち，ある現実が否定的にしかとらえられないのにもかかわらず，直接変えることができない場合であって，かつ，目を背けて見なかったことにするのではなく，その現実としっかりと向きあって，その場に踏みとどまろうとするのであれば，受けとめ方を変えるしかないというわけです。

　このように，思いどおりに変えることのできない現実と向き合う作法が福祉ルールですから，その変換を定式化すると次のようになります。

　　福祉ルールによる変換：「R⇨非A」→「R⇨A」

　文章にすると，「否定されている現実を直接変えることなく，無条件に肯定して，そのまま受けいれる」というわけです。

　現実を変えることができないときには，現実をそのままにして，福祉ルールを用いることによって受けとめ方を変えていきます。そうすると，出発点は同じく「R⇨非A」として現実を否定的にとらえますが，そこから，現実はそのままにして受けとめ方だけを肯定に変えて，「R⇨A」とします。この，福祉ルールにおける受けとめ方の反転だけを定式化すると，以下の式となります。

　　福祉ルール：「非A→A」

　文章にすると，福祉ルールは，「否定的な受けとめ方を反転させて肯定的に受けとめる」となります。

● 「コップ半分の水」再び●

　ここで再び「コップ半分の水」を例とすると，先ほどとは違って，近くに水場などがない場合もあります。そのときは，コップを満たすことができません。

　ところが，受けとめ方を変えていくことはできます。たとえば，「コップ半分しかない，困った」けれど，周囲に満たすための水もないとすれば，「コップ半分もあれば，何とかなるだろう」とか，「半分あるだけでもよしとしよう」「まだ半分もある，よかった」などととらえることができます。

　また，実際に飲んでみたらコップ半分でも十分だった，ということもありますし，逆に，全然足りなかったということもあります。あるいは，足りな

かったとしても，ゼロよりはやはり助かった，と受けとめることもできます。

　いずれにしても，ポイントは，コップ半分の水という現実「R」自体は，何も変わっていないということです。それにもかかわらず，わたしたちはコップ半分の水という同じ現実に対して，真逆にとらえるという福祉ルールを用いることができます。

　　　「コップ半分し̇か̇な̇い̇水」（非A）→「コップ半分も̇あ̇る̇水」（A）

　このように，福祉ルールを用いることによって，どれほど「否定的なこと」であっても，そのまま「肯定的なこと」とする価値の反転が行われるのです。

4．福祉ルールの内側

　ここで，話が少し複雑になるのですが，一つ留意しておかなければならない点があります。今述べたような「どれほど否定的なことであっても，肯定的なこととしてとらえる」といった説明は，福祉ルールを外側から記述する際のものにすぎないということです。「基本の構図」に戻ると，「できない人」という現実は，たしかに否定的にも見えます。

　ところが，福祉ルールを用いている人たちにとって，「できない人」としてひとまとまりにとらえるのではなく，まずは「人」として肯定的にとらえられています。すなわち，「人」として受けいれたうえで，「できない」ことについての対応が検討されていくことになるのです。

　そのため，そもそも「できない人」という否定的なことであったかどうかということは，福祉ルールを用いている人たちにとって，あまり問題とされてはいません。参加している人たちにとってみれば，「できない人」として否定的にとらえることは必ずしも自覚されているわけではなく，すぐさま「できない」と「人」とに分けられて，端的に「人」は肯定されています。

　しかし，そうしたふるまいを外側から見れば，やはり否定的に見える「で

きない人」が「非A」として目に入り，そこから「人」として肯定されて「A」に変換されたように見えてしまうため，「非A→A」という変換式が成り立っているかのように受けとってしまうわけです。

このように，「非A→A」という福祉ルールは，あくまでも外部から記述した場合の定式にすぎない，ということに留意してください。ただし，何かが「できない」ことについては，このままではいけないと否定的にとらえられて対応されます。しかし，そちらほうは，市場ルールの「もっと」に基づく対応になります。

いずれにしても，わたしたちはこのように，二つのルールを使い分けながら日々を暮らしています。

● ルールのバランス ●

わたしたちにとって大切なのは，まず一つ目として，目の前の現実が変えられるものなのか，変えられないものなのかを，見きわめることであると言えます。わたしたちは，変えられないものを変えようともがき，変えられるものであっても，手間を惜しんで放置してしまうことが少なくはないからです。

二つ目として，市場ルールだけでは自らの暴走を止めることができず，福祉ルールだけでは怠惰や退廃に陥るか，理不尽な忍従を強いられるかになってしまいますから，どちらか一つのルールではなく，二つのルールのバランスを保っていくことを挙げることができます。

どのような状態であればバランスがとれているのかといったことは，人それぞれであって，一つに絞ってしまうことはできません。しかし，アクセルとブレーキを用いて適度なスピードを保つことが，その人なりのほどよい快適さの目安になります。アクセルとブレーキがあってこそ，安全な動きを保つことができるように，二つのルールをいわばオンとオフのように使い分けていくことが求められるわけです。

ただし，今の社会においては，「もっともっと」とオンばかりを求める傾向があまりにも強力なため，一方では細分化された線引きを絶えず意識させ

られながら，もう一方では，「自己責任」をキーワードに，拡大し続ける格差への理不尽な忍従が強いられています。

　そして，おそらくわたしたちは，社会全体がこのようにバランスを失ってゆがんだ方向へと加速度的に突き進んでいることを痛いほど感じながら，手をこまねくばかりで，止めるすべもわからないままに流されています。

■コラム8：「言語ゲーム」

わたしたちは普段，一定のルールにのっとって生活しています。たとえば，お箸などを使うご飯の食べ方，知っている人に会ったときのあいさつの仕方，車が通りそうな道では端を歩くなど。もちろん，ほとんどは暗黙のもので，どこかに書いてあるわけでもありませんが，みんなの知っているルールが無数にあります。

こうした何気ないルールに基づいて行われる人々の現実に対する対処行動や活動は，「ゲーム」と呼ばれています。「ゲーム」とは，「一定のルールにのっとった人々の働きかけやふるまいの総体」を意味するものです。そのため，たとえば，「無条件の肯定」といった福祉ルールに基づいて行われる活動やふるまいの総体を，「福祉ゲーム」と呼ぶこともできます。

そして，わたしたちが話したり，歩いたり，食べたり，遊んだりなど，さまざまな活動を行っている生活の背後にある秩序のようなものを「言語ゲーム」と呼んだのが，ウィーン出生の哲学者ウィトゲンシュタイン（1889-1951）です。

初期の思想では，世界と言語が一対一対応することを前提として，言語がこれ以上分析できない要素命題によって構成されているとしており，それに応じて世界は事態によって構成されていると考えられていました。

ところが後年，たとえば，「あっち！」「助けて！」「すごい！」「ちがう！」などの言葉が，特定の対象を名指ししているとは言えないことから，世界と言語との一対一対応という当初の根本的な前提を自ら否定していきました（『哲学探究』）。

そのうえで新たな前提としたのが，「語の意味とは，言語におけるその使い方である」ということでした。そのため，対象のあいまいな語もあれば，語の意味も，他の語や文などとの比較や差異において，すなわち，その語が置かれている状況に応じて変化し，規定されることになります。

たとえば，同じ「よかったね」という言葉も，共感して一緒に喜んでくれている場合もあれば，嫉妬を秘めた皮肉として発せられる場合もあります。その意味するところは，使われ方によってまったく異なってきますが，受けとめ方がどちらになるかを決めることはできません。

　すなわち，言葉の意味はその使われ方によって決まるのですが，わたしたちはそこでのルールを，必ずしもはっきり説明することができないのです。ただし，たとえルールを明示にすることはできなくても，何らかの違いを区別することはできます。

▶言語ゲームを生きる

　このように，人と人との間でのふるまいや言葉のやり取りについて，明文化することは難しいのですが，わたしたちは，そうしたやり取りが何らかのルールに基づいていることを知っています。そこで，何らかのルールに基づいているゲームとして，とらえることができるというわけです。

　言語ゲームとは，言葉の使い方にかかわる無数のルールの束を意味しています。したがって，わたしたちのふるまいや他人との言葉のやり取りといった日々の生活そのものは，言語ゲームで形作られていることになります。

　また，わたしたちは痛みなどの内的な体験をしますが，そうした体験を他人だけでなく，自分自身に対しても表現するためには，「痛い！」などのように，一定の言語ゲームに参加しなければなりません。すなわち，内的な体験といっても，言語ゲームの中でのみ，一つの体験となるのであって，さらには，それを体験する「わたし」もまた，言語ゲームの中でのみ，痛む主体となることができるというわけです。

　したがって，言語ゲームは，わたしたち一人ひとりの「すべての経験に先立っており，全経験を貫ぬき通っているのでなくてはならない」ということになります。ただし，本文中でもふれたように，ゲームである限りはみんなでルールを変えていくこともできますし，知らない間に変わっていることもあります。とはいえ，言語ゲームから抜け出てしまうことはできません。

　同じく，わたしたちは，生きている限り，市場ゲームや福祉ゲームをやめてしまうことはできないのです。

第9章 | 受けとめ方の反転

1.「歩かせていただく」

●否定を肯定に反転させる●

　福祉ルールに基づいて，わたしたちは，「否定的な受けとめ方（非A）を反転させて，肯定的にとらえる（A）」といったふるまいを行っています。受けとめ方の反転を定式化すると「非A→A」になるのでした。

　このように，わたしたちが受けとめ方を反転させるのは，変えることのできない現実と向き合うためです。変えることのできる現実であれば，それが否定的なものである場合には，少しでも改善していくための市場ルールを用いることができて，プラスアルファを作り出そうと努力します。また，変えることのできない現実に対して，どうすることもできないからとして，かかわりを断ってしまうこともできます。

　それに対して，変えることのできない現実があり，それが否定的であっても背を向けて拒否するのではなく，しっかり向きあおうとするのであれば，受けとめ方を変えて現実をそのまま受けいれるしかありません。

　ただし，受けとめ方を反転させるといっても，何をとらえるのかということにもよりますが，場合によっては決して容易なことではありません。

●「三日坊主」●

　三日坊主という言葉がありますが，これは何かが長続きしなかったことを指しています。しかし，福祉実践の現場では，たとえば就労を試みたものの，3日で体調をこわして辞めることになってしまった人に対して，「3日

も続けられてがんばったね」などと言葉かけをすることがあります。

　変えることのできない現実の代表は，過去の事実です。続いたのが3日だったという事実を変えることは，誰にもできません。とはいえ，そうした事実を「3日しか続かなかった」と否定的にとらえるのではなく，「3日も続いた」と肯定的に受けとめれば，同じ事実が「じゃあ，今度は……」と，新たな目標を設定していくことにつながっていきます。

　この場合，特に本人に続けられるのではないかという自信があったときには，「3日しか」という受けとめ方を「3日も」に自分一人で反転させるのは，ほとんど不可能です。おそらく本人は，「もうダメだ」とこころに大きな傷を残し，「自分なんて」とすっかり自信を失って，就労に対する意欲がわいてこなくなってしまうことなども想定できます。

　だからこそ，周囲の人々が「3日も」と言い続け，「すごいね」「がんばったね」と支えていかなければ，その事実を受けいれて，前に進んでいけるようにはならないのです。

　決して思いどおりにならない現実があり，変えることのできない事実があります。わたしたちは，それらから目をそらすことなく向きあおうとするのであれば，思いどおりにしたいという思いを捨て，受けとめ方を反転させるしかありません。

●反転のトレーニング●

　人々は古より，現実に対する受けとめ方をコントロールして，反転させていくためのトレーニング方法を開発し，追求してきました。いわゆる「行」と呼ばれるさまざまな営みです。

　「滝行」「断食行」「水行」などの具体的な行もあれば，「苦行」や「荒行」「寒行」といった過酷さを強調する表現もあります。いずれにしても，滝に打たれることや食を断つことなど，本来であればあえて行うのを避けようとすることばかりです。また，これらを総括して，行を修める「修行」という言い方もあります。最もイメージしやすいのは足を組んで座る坐禅ですが，山に分け入ってひたすら歩くようなことも浮かんできます。

　いずれも，過酷で厳しく，日常からみれば常軌を逸しているとしか見えないようなことです。しかし，昔からこうした厳しい行に身を投じてきた人たちがいたことは，綿々と伝えられてきました。

　このように，人々があえて過酷な状況に身を置いてきた目的の一つは，もちろん数ある目的の小さな一つにすぎないのですが，どのような現実もそのまま受けいれることです。つまり，それだけに限定されるわけではありませんが，修行とは，現実に対する受けとめ方をコントロールするためのトレーニングといった側面を担っています。

　だからこそ，あえてきつくてつらい状況に自分を投げ入れ，そこで浮かんでくる否定的な受けとめ方を反転させようとするわけです。たとえば，海に入るということは，真夏なら海水浴ですが，真冬なら寒行になります。

　そして，最も思いどおりにならないのが，自然です。そのため，古来，行を求める人々は，自然から守られた日常を離れ，あえて山に入って自然の猛威に向き合おうとしてきました。

●吉野の金峯山●

　山林での行を行う「行者」の方たちは，「お山を歩かせていただく」という言い方をすることがあります。ここに言う「お山」の一つが，奈良県の金峯山（吉野から南の山上ヶ岳までの連峰の総称）です。人々が修行を行う山は全国に多々ありますが，金峯山は，早くも白鳳時代に修験道の開祖とも言われるる役小角が開いたとされているため，歴史上でも中心的な行場として位置づけられています。

　役行者については，数々の伝承が平安時代から江戸時代に至るまで作られてきました。そのなかでも，室町時代の初期に書かれた伝記によると，役行者が金峯山にて一千日の厳しい修行を重ね，濁世に魔を降伏して下さる仏尊の示現を祈ったところ，まずは釈迦仏，次いで千手観音菩薩，さらには弥勒菩薩が現出したとされています。

　しかし，いずれもこの悪世にはふさわしくないと申し上げると，最後に蔵王権現が激しい忿怒相で，怒髪天を衝く姿にて盤石より忽然と湧き出たと伝

えられています。

　このように修験道の本尊である蔵王権現は，山上ヶ岳の頂上近くにある岩盤から湧出したとされているため，修験道では，金峯山という「お山」そのものが，権現という神様の身体であると考えられてきました。したがって，「お山」を歩く山林抖擻（とそう）は，神様の身体の上で行われるものということになり，行者が自分勝手に歩くのではなく，お許しをいただいて「歩かせていただく」ことになるわけです。

　このように，「お山」イコール神体というとらえ方は，古来のものですが，さらに現代では，自分の力ではなく，周囲（家庭や職場）の理解があってこそ，休暇などをもらって歩くことができる，すなわち，「皆さんのおかげで歩く機会をいただいている」という意味で，「歩かせていただく」と表現されています。

　こうした表現は，自分一人の力で何かすごいことを成し遂げたなどといった傲慢さを避けるためにも，「自分で歩いている」のではなく，あくまでも「歩かせていただいている」のだと，くり返し強調されています。

2．受けとめ方を反転させた表現

　「お山」とは，自然の猛威と向き合う，あるいは「向き合わせていただく」ための場として，位置づけられていました。それによって，厳しい環境を受けいれ，「キツイ」「ツライ」「もういやだ」などと否定的にとらえる自分の気持ちをコントロールしようとしてきたのです。そのため，行者の方たちは，一般常識的な受けとめ方を反転させるような表現を用いることがあります。

●「どんな天気も良い天気」●
　行者の方たちは，「どんな天気も良い天気」とよく言います。これは，一般的には悪天候ととらえられるようなときであっても，それはそれでツライ気持ちを克服する機会をいただいたようなものなので，逆に厳しい行をさせていただけるということから，「良い天気」であるという意味です。

つまり，「どんな天気も」というのは，もちろん晴れ渡った良い天気を含みながらも，反対の「どんな悪天候」であっても，行をするうえでは良い機会を提供してくれる「良い天気」であるということであって，「悪天」を「良天」にとらえ直すという，まさに常識的な受けとめ方の反転を表していると言えます。

また，「行を終えたら行を捨てよ」と言われます。これは，先ほどの「みなさんのおかげで歩かせていただく」にも通じるのですが，つらいこと，大変なことをやり遂げたなどという，おごりやうぬぼれを捨て，大自然に対するおのれの無力さを見すえることが必要だということを示しています。そこでは，「山のことはすべて山に置いていく」ことが求められています。

さらに，「山の行より里の行」と言われます。山で行われる行など一瞬のことにすぎませんが，そこで過酷なことをあえて自ら志願したという事実をふまえ，日常の中でも，嫌なことや面倒なことについて，受けとめ方を反転させ，率先して行うことが里の行になります。

● 「行者臭」 ●

過酷な行という特殊なことを遂行すると，自分が特別な人間であるかのような錯覚をつい持ってしまいがちです。しかし，そのように自分をとらえてしまえば，当然周囲の人たちを見下すような態度をとるようになってしまいます。

自分を特別視し，上から目線を持つような人に対しては，「行者臭」がすると言われます。すなわち，行を終えたことを鼻にかけたいやらしさを漂わせていることが，周囲の人々に伝わっているということを表しています。当然，そのような臭いは嫌悪されるものでしかなく，行を終えた者としては最も避けるべきこととなります。そのため，何日かに及ぶ行の最終日の夜には，必ず酒宴が設定されています。これは「精進落とし」とも呼ばれていますが，何かすごいことをやり遂げたように思っても，結局最後には肉食飲酒をして馬鹿話に興じ，それによって何も大それたことをしたわけではないという，こころの掃除を行います。

　ここにも，何かを成し遂げたからこそ，それにとらわれてしまうことを避けるために，何もしていないといった受けとめ方の反転が求められています。

3．無条件に肯定するトレーニング

●「行」と福祉ルール●

　以上のように，古くより伝わる行の世界では，まず，「お山」を神体として限りなく尊重するという受けとめ方をベースとして，つらいことや大変なことといった常識的には否定的にしかとらえられない体験であっても，「良い天気」などと形容することであくまでも肯定的にとらえ，それらをあえて引き受けていくことが求められていました。

　同時に，そうした行にこだわったりとらわれたりして増上慢(ぞうじょうまん)になることを厳しく戒め，否定的なことに対する受けとめ方を反転させて肯定的に受けいれつつ，しかし，行によって得られたことがたとえあったとしても，何事もなかったかのように捨て去ることが，目指されています。したがって，行には，「いかなる厳しい自然や現実をも無条件に肯定するためのトレーニング」という一面が，ひそんでいるということになります。

　もちろん，長きにわたって伝えられてきた行が，これに尽きるなどということはまったくありません。こうした一面は，行の入り口のさらにその手前の一端を示しているにすぎず，その奥には，とうてい見通し得ない深みが秘められています。

　ただし，表面的にすぎないとはいえ，行に「現実に対する無条件の肯定」がルールの一つとして含まれていることもまた，たしかであると言えます。そして，これまで見てきたように，福祉ルールとは，人々の生存に対する「無条件の肯定」でした。それに対して行とは，あらゆる自然や現実について，同じく「無条件の肯定」をルールとして設定していました。

　このように，福祉と行とでは，それぞれの対象が「人々の生存」と「自然や現実」と異なっているのですが，何かに対する「無条件の肯定」というルールに基づいて開始されるという点において，福祉と行とは共通していま

す。両者とも，福祉ルールに基づいた営みであるということになるわけです。

　一見しただけでは，どんな人の生存もそのまま無条件に受けいれていく寛容さと，厳しい自然と向き合い，体力の限りをつくすような過酷さとは，文字どおり真逆と言っていいほどに，まったくの正反対であるように見えます。しかし，目の前の現実を，それがどうであっても無条件に受けいれようとすることにおいては，驚くほどに一致しています。

●市場ルールに取りこまれる「行」●

　行というものが，福祉ルールに本来基づいているということは，行が市場ルールから見ると，何の価値もないように見えることからも分かります。

　行は，それがどれほど過酷で熾烈なものであったとしても，そこには何の生産性もありません。身動きもせずただ座っていたり，あるいは悪天候のなか，何時間も山を歩いたりしたとしても，そこから何かが生み出されるわけでもなく，市場ルールを当てはめてみても，そこに何の価値も見出すことはできません。

　しかし，福祉ルールの文脈からすると，徹底的に価値のないことが反転させられて，至高の価値を持つということになります。それが，「非A→A」という式の表していることです。

　しかし，市場ルールは，こうした行でさえも福祉ルールに独占させるようなことはしません。なぜなら，行はいつでもやめることができますし，そもそも参加などしないでいることもできる，という特徴を持っているからです。

　つまり，行は本人が自分の意思で行うことなので，その気がなければいつでもやめられますし，別世界のこととして何の関心を持つこともなく，暮らしていくこともできます。というより，そもそもそんな過酷なことにあえて参加しようとすることのほうが，まれであると言えます。

　そして，市場ルールは，行のこうした特徴を手がかりとして，行を自分たちの領分に引き寄せていきます。つまり，いつでもやめることができるのに，やめないで続けることに，あるいは，やる必要がないのにくり返し行うことに，価値を置くのです。それによって，1年よりは3年，3年よりは10

年，あるいは，1回よりは3回，3回よりは10回のほうに価値があるなどとして，いつしか行にも「もっと」を入れ込んでいくわけです。そうなると，行には「もっと多く」「もっと長く」「もっと過酷に」が求められるようになり，いつしか市場ルールに足場を移してしまいます。

　そもそも「非A→A」といった受けとめ方の反転は，質的な変化を表していました。ところが，市場ルールは，「R→R＋α」によって，回数や期間などといった量を前面に押し出してきます。そのように量でおおわれることによって，質的な変化そのものが見えなくなってしまいます。長ければいい，多ければいいという量的な評価だけがひとり歩きしていくようになると，受けとめ方を反転させる福祉ルールは，存在感を失ってしまうわけです。

　たしかに，受けとめ方を反転させるという質的な変化は，特に周囲の人々にとって見えにくいものです。それに対して，量であれば，その多い少ないは誰にでも分かりますし，比較することも容易です。

　このように，本来，福祉ルールに基づいていた行は，外見上，いつしか市場ルールに沿って評価されるようになってしまったとも言えます。しかし，行をすること本来の目的の一つとして，いかなる現実をも無条件に受けいれていくことを挙げることはできるはずです。

● 「行」の逆説 ●

　余談ですが，行の難しさは，「何かをしようとしている限り，それはできていないことの現れにすぎない」という逆説にあります。できるなら，もうしなくてもいいからです。どんな厳しさにも耐え，つらいなどとは思わないように踏んばって，否定的な受けとめ方を肯定的に反転させようと必死にがんばる限り，その人の受けとめ方は，いまだ反転などしていないということが示されるだけだからです。

　つまり，がんばれば，がんばるほど，求めるものは離れていきます。追えば追うほど，逃げていくわけです。古来「行は，すればするほど，悟りから遠くなる」と言われてきたゆえんです。

　しかし，求めるためにはがんばるしかありません。こうした逆説のなか

で，いつしか，がんばっていることが，何のがんばりでもなくなるとき，反転が生じます。それがいつどのように訪れるのか，あるいは本当に訪れるのかどうかも分かりませんが，少なくともそのとき，そこでは，「必死のがんばり（非A）が，がんばっていない自然体（A）」になっているはずです。

４．贈りものに対する負い目

このように，福祉ルールの定式「非A→A」によって，限られた程度とはいえ説明できることは，実際の福祉活動や古来の行だけではありません。ここまで，「目を背ける」という表現を使ってきましたが，実際，自分ではなく他の誰かが助ければよいと，見なかったことにして立ち去ることはいつでも可能です。

しかし，多くの人は，困っている人を前にしながら見て見ぬふりをしたとすれば，やましさや後ろめたさといった「負い目」を感じないではいられません。この負い目とは，やるべきことを行わなかったことに対する申し訳のなさを表しているのですが，この負い目を市場ルールで説明することはできません。なぜなら，市場ルールを用いるのであれば，困っている人にかかわるなどという厄介な負担は，できるだけ避けたほうが効率的だからです。

つまり，市場ルールから言えば，見なかったことにして余計なコストを回避するほうが望ましいのであって，それを申し訳ないなどととらえる必要はどこにもないのです。

●贈りものによる反転●

同様のことは，贈りものを受け取ったときの気持ちについても言えます。わたしたちは贈りものを受け取るとき，ありがたいと思いつつも，同時に申し訳ないという負い目を感じます。

困っている人を助けないことは，良くない状況を前にしたときの負い目ですが，贈りものに対しては，それを受け取ったという喜ぶべき状況に対する負い目になっています。困っている人を助けることによって，否定的な状況

を解消しなければならないように，何かを贈られるという肯定的な状況においてもまた，お返しをするなど何らかの対応がなされなければ負い目が残ってしまいます。

　ところが，こうした贈りものをめぐる負い目というものを，市場ルールで説明することはできません。市場ルールに基づくとき，何かを受け取ることは自分の所有を増やすことであって，ありがたいと感謝しつつも端的に喜ぶべきことにすぎず，申し訳ないなどと感じる必要はどこにもないからです。つまり，贈りものに対する負い目は，福祉ルールに基づく受けとめ方の反転でしか，説明がつかないわけです。

　ただし，ここでは，贈りものを受け取るという肯定的な事態（A）が，負い目という否定的な気持ち（非A）として反転しているので，定式化すれば「A→非A」となりますから，福祉ルールの定式「非A→A」をさらに反転させたものになっています。

　いずれにしても，受けとめ方の反転という意味では，困っている人に対して背を向けるときの負い目も，贈りものを受け取ることによる負い目も，共通しているということが分かります。

　サンタクロースからのプレゼントは，負い目を感じることのなく純粋に喜ぶことのできる貴重な贈りものですが，特定の誰かからの贈り物に対しては，こうした負い目が生じるため，お返しをしなければならないという返礼の義務感覚が生まれます。いわば，借りをそのままにしておくことはできないので，誰かからもらったことに対する負い目は，誰かにお返しをすることによって解消しなければならないというわけです。

　しかし，お返しを誰かにするということは，市場ルールの観点から言えば端的に所有を減らすことであって，損失を被ることでしかありません。そのため，お返しをしなければと思うことは一つの義務として説明されてきましたが，そこからもう一歩踏み込んで，なぜお返しが義務になるのかということは明らかにされてきませんでした。

　市場ルールでは損をするにすぎないにもかかわらず，人がお返しをすることでそうした損失という否定的な事態を進んで引き受けるのは，まさに福祉

ルールの「非A→A」によって，それが肯定的なこととしてとらえられるからです。それにより，贈りものを受け取ったという否定的な負い目が解消されていくわけです。

●市場ルールに取りこまれる贈りもの●

このように，福祉ルールに基づく受けとめ方の反転が見られる贈りもののやり取りに対しても，市場ルールはただ黙って見ているわけではありません。たとえば，贈りものやお返しについて，わたしたちがそれを値段の高低によって評価するならば，そこには，「もっと値段の高いもの」を求める市場ルールが，しっかり入りこんできていることになります。

もし，福祉ルールによるとらえ方の反転だけで贈りものを受け取るのであれば，値段の高いものではなく，値段的にあるいは実用的に最も価値のないものほど，至高の価値を有することになります。人は，いわゆる思い出の品といった，色あせた写真や，子どもが幼いころに描いた絵など，決してお金に換算できないようなもの，使い道のないようなものを，大切にしているものです。

5．福祉ルールで生きのびたヒト

どうして人は，効率的で生産的な市場ルールだけでなく，わざわざ受けとめ方を反転させる福祉ルールを用いて，屈折した営みを行うのでしょうか。先にふれたように，ルールにはそもそも根拠がありません。というより，根拠のない決まりごとがルールというものなのですが，一応考えてみることはできます。

根拠のないことの理由といっても，所詮作り話にしかならないので余談にすぎないのですが，人がどこかで受けとめ方の反転を必要としてきたのは，そうしなければヒトという種が生き残れなかったからではないか，と推察することができます。

すなわち，効率や生産性を追求するだけでなく，どこかで受けとめ方を反

転させて，市場ルールによっては評価することのできない，過重ともとれる
負担をあえて引き受けなければ，生き延びることができなかったからではな
いかというわけです。

●子育ての過酷さ●

　そうした過重な負担の一つは，おそらく，子を産み育てることです。

　動物としてのヒトは進化にともなって，脳を入れる頭を大きくし，直立歩
行によって骨盤を小さくしていったため，子宮外の胎児とも呼ばれるような
無力無能な状態の赤ん坊でなければ出産できないようになってしまいまし
た。そのような赤ん坊は，誰かが自分の都合のほとんどを犠牲にするほど全
面的に，長期にわたって世話をしていかなければ，生き延びることができま
せん。

　わたしたちが「無条件の肯定」という福祉ルールをまず思い浮かべるとす
れば，それは赤ん坊を前にするときだということも関連しているのかもしれ
ません。いずれにしても，子を産み育てることは負担があまりにも大きいの
で，市場ルールの効率を重視する観点からとらえれば，そのコストを引き受
けようとしなくなるのも無理はないと言えます。

　そのため，過重ともいえる負担に対する受けとめ方を反転させ，そうした
負担をかけがえのない喜びとして受けとる福祉ルールが，必要とされるわけ
です。

　ヒトという種は，福祉ルールなしには生き延びることができなかったと言
えます。逆にいえば，ヒトは，生き延びるために，福祉ルールを本能化した
のです。

●弔うこと●

　人々が福祉ルールによる受けとめ方の反転を，くり返し自覚していくため
の機会としては，死者をできる限り丁重に弔うことが挙げられます。

　わたしたちは，亡くなった人への哀悼や敬いをくり返すことで，福祉ルー
ルを用いるトレーニングを積んでいるとも言えます。なぜなら，死者を市場

ルールに乗せることはできないからです。

　死者が「＋α」を生み出すことはありません。また，市場ルールからすれば，弔うことに意味を見出すことができませんから，ただ効率的に処分するしかなくなってしまいます。

　亡き人を祀り拝むこととは，すでに亡くなった人，すわなち，もはや存在していない人に対して，あたかも存在しているかのように向きあい，祈り，語りかけることにほかならないとも言えます。それは，この世に亡きものを反転させて，今ここにあるものとして受けとめることを意味しています。

　このように，私たちは要所要所で，福祉ルールを用いて受けとめ方を反転させながら，決して思いどおりにはならない現実を生き延びてきましたし，今も生きているのです。

■コラム 9：古代に見る二つのルール

▶全肯定された天地

　旧約聖書の冒頭に置かれている「創世記」は，「初めに神は天と地を創造された」という一文で始まります。では，どのように創造されたのかといえば，第一日目に「神は言われた。『光あれ。』すると光があった」というように，神は言葉を発することによって創造していきます。

　続いて，「神は光を見て良しとされた」と，神は自らの創造をそのまま肯定します。同様に，二日目には大空，三日目には地と海と植物，四日目には太陽と月と星，五日目には水中の生物と翼ある鳥，六日目には地上の動物と人間をいずれも言葉を発することによって創造しました。さらに，同じくそれぞれについて，自らの創造を見ては「良しとされた」と肯定します。

　そして，すべてを創造し終えたのちになると，「神は，造ったすべてのものを御覧になった。それは極めて良かった」（聖書協会共同訳：傍点引用者）とされています。

　このように，古代において，世界は神の言葉によって創造され，かつ，そのまま全肯定されることから始まりました。それは，「無条件の肯定」という福祉ルールの宣言であったとも言えます。

▶闘争で創造された天地

　創世記が書かれたのは，ユダヤの国がバビロニアに征服され，王や貴族などの指導者たちが遠く離れたバビロンに捕囚として滞在していた，紀元前 6 世紀ごろのこととされています。古代メソポタミアには，紀元前二千年頃に成立したとされる『エヌマ・エリシュ』という神話があり，「創世記」にも大きな影響を与えています。

　ところが，この神話では，さまざまな神々が闘争をくり返し，勝ち残った神マルドクが天地を造ったということになっています。つまり，ここでは，勝ち残るという条件をクリアしていくといった弱肉強食の市場ルールが展開されていたわけです（『筑摩世界文学大系 1 　古代オリエント集』）。

　おそらく，「創世記」が書かれたころ，イスラエルの人々は，自由なき捕囚として惨澹たる現実を生きていたと考えられます。だからこそ，そうした生の営

みをそのまま「それで良し」とする強靭な受けとめ方を，こころの底から希求せざるを得ませんでした。そのため，『エヌマ・エリシュ』の世界に対する受けとめ方をかなり強引に反転させて，すべてが肯定される福祉ルールを誕生させることになったのです。

▶言葉で創造された天地

　ちなみに，『エヌマ・エリシュ』というタイトルは，原文第一行目最初の言葉で，それを含む句の意味は，「上ではまだ天空が命名されず，下では大地が名づけられなかったとき」であって，言葉によって名前がつけられずに，創造されていなかったことが出発点になっています。

　同じく「創世記」も，神が言葉を発することによって天地を創造しますから，いまだ言葉によって分節されていない「渾沌」が，出発点であるということになります。

　このように，両者は，福祉ルールの宣言と市場ルールの展開といった対極に位置していますが，いずれも言葉以前の状態を出発点とし，言葉を発することによって世界や宇宙を創成していくことでは一致しています。

　そして，こうした言葉による天地創造といった古来の考え方は命脈を保ち続け，ついには，ヨハネによる福音書の冒頭において，「初めに言があった。（中略）万物は言によって成った。言によらずに成ったものは何一つなかった。」（聖書協会共同訳）と，高らかに宣言されることになるのです（第11章参照）。

第10章 | 基本の論理

1. 形式論理

　前章までで二つのルールについて，市場ルールの「条件付きの肯定」に対しては「R→R＋α」，福祉ルールの「無条件の肯定」については「非A→A」というように，記号を用いて定式化しました。ここからは，これら二つの変換式を根底で支えている，二つの基本論理について検討していきます。

　まずは，市場ルール「R→R＋α」を生み出した形式論理から見ていきます。

●三つの論理法則●

　わたしたちは昔から，次に挙げる三つの論理的な法則が基本として成り立つと考えてきました。これらの法則は現実「R」に当てはまりますので，以下では「R」を用いて定式化することにします。ちなみに，以下で見るように，わたしたちの「受けとめ方」である「A」や「非A」は，別の論理によって成り立っています。

　一つ目の法則は，「同一律」と呼ばれています。まさに当たり前である「RはRである」を表していて，「R＝R」と表現されます。実際には，「わたしはわたしである」とか，「花は花である」などといった，同じ言葉をくり返す同語反復（トートロジー）になります。

　二つ目は，「矛盾律」です。少し表現は複雑になりますが，これも当たり前のことを示しており，「RはRでないもの（非R）ではない」などと表現され，二重否定を表していますが，記号化すると「R≠非R」となります。同

じたとえでは，「彼や彼女」はわたしではありませんから，「わたしは彼や彼女ではない」とか，あるいは，花瓶は花そのものではありませんから，「花は花瓶ではない」ということになります。また，この法則について，矛盾が成り立たないことを強調する際には「無矛盾律」と呼ばれることもあります。

最後の三番目は，「排中律」と呼ばれています。これは，「あるものは，Rであるか，もしくはRでないか（非R）のどちらかである」ということを表しています。たとえると，「すべて（の生き物）は，人間であるか，人間でないか（動物や植物など）のどちらかである」などということになります。

これは，どんなものであっても，すべては，Rか非Rかのどちらかであって，Rでもあり非Rでもあるような，いわばRと非Rとの中間（「中」）が存在しない（排する）ことから排中律という名がつけられています。

これら三つの基本法則については，その内容にかかわらず論理的な推論として形式的に成り立つことから，「形式論理」と呼ばれてきました。たとえば，同一律であれば，花でも犬でもそれぞれ，「花は花である」や，「犬は犬である」と表現することができ，何にでも当てはめることができるので，内容とは関係なく形式として成り立っているというわけです。

ただし，形式論理を証明することはできません。何か他の論理から導き出すことはできないのです。これは，古来の幾何学公理が一つの仮定にすぎなかったのと同じです。これらは，まさに本書で取り上げてきた「ルール」であって，どれほど突き詰めたところでその根拠を見つけることはできません。

かねてより，「底は底なし」あるいは「根拠は無根拠」と言われてきましたが，最も根底にある根拠（底，根拠）には，さらなる根拠がありません（底なし，無根拠）。もし，さらなる根拠などというものがあれば，「最も根底にある」という前提が成り立たなくなるからです。

ここでの形式論理は，最も根底にある根拠として，みんなで決めてやってきた約束事にすぎないのですが，日常世界では特段の不都合が生じてこなかったため，長きにわたって使われてきたというわけです。

また，先に取り上げた同一律「R＝R」は，形式論理を代表するルールですが，同語を反復しているだけなのでいかなるときでも正しい（真）ため，

恒真式とも呼ばれます。また，理にかなっているという意味で，まさに合理性を表現しています。しかし，「花は花である」などという文章からは何の新たな情報ももたらされることもなく，「だからどうした」といった反応を引き出すだけです。

　このことは矛盾律や排中律にも当てはまりますので，形式論理というのは，いつも正しく合理的であると言えるのですが，それらが新たにもたらす情報量はゼロにとどまり，正しすぎるために，あらためて定式化する必要もないほどに当たり前のことであるということになります。

●市場ルールの基盤論理●

　この同一律「R ＝ R」は，市場ルール「R → R ＋ a」を基礎づける論理になっています。というのも，「R ＝ R」そのものには，何らの動きもなければ目的や方向性が示されることもありませんが，だからこそ右辺に「＋ a」を加えるだけで，そのまま本来何の動きも生み出さない等号「＝」を変換記号「→」へと置き換え，「もっと」（＋ a）を目的とする運動体として定式化することができるからです。

　実際，資本制は，もともと等価交換として流通するために流通していただけの貨幣に，剰余価値（＋ a）を埋めこむことによって，「＋ a」を目的として自分で増殖していく無限運動「R → R ＋ a」へと変えることで成り立っています。すなわち，ひたすらに「もっと」を目指す市場ルールは，合理的で静的な同一律に剰余価値「＋ a」が付加されることで，動的な変換式として誕生したというわけです。

2．福祉論理

●「受けとめ方」の論理法則●

　市場ルールに対して福祉ルールは，わたしたちの「受けとめ方」を反転させるものでしたから，現実「R」ではなく，現実に対するわたしたちの受けとめ方である，否定「非A」と肯定「A」とを用いて定式化します。このと

き，受けとめ方の反転は「非A→A」と表され，否定的にとらえられる現実であってもそのまま肯定的に受けいれられました。

そして，先述のように，古来の「行」には，思いどおりにならない自然をそのまま受けいれるトレーニングという一面が含まれていました。そこでは，「どんな（に過酷な）天気（非A）も良い天気（A）」と言われており，否定が肯定に反転されて，「非A→A」の成立が目指されていました。

また，贈りものを受けとったときに感じる負い目については，贈りものを受けとるという喜ばしいこと（A）に対して，申し訳なさ（非A）を感じてしまうということから，肯定が反転されて否定としてとらえられる，「A→非A」が成り立っていました。同時に，そうした負い目は，誰かに返礼するといういわば損失（非A）によって解消される（A）ので，否定が肯定に反転して「非A→A」となっていました。

つまり，贈りものをめぐっては，受けとるときには「A→非A」に基づいて負い目を感じ，誰かに返礼するときには「非A→A」によって負い目を解消しているわけです。

このように，わたしたちは，実際に受けとめ方を反転させることによって，否定を肯定に，肯定を否定へと変換しています。すなわち，否定と肯定とは一方向的な変換ではなく，「非A⇆A」といった双方向的に変換できる関係にあるというわけです。

●形式論理の否定●

このように，わたしたちが否定と肯定との双方向的な変換を自在に行っているのであれば，否定「非A」と肯定「A」とを等しいとみなすことができるのではないか，と言うことができます。すなわち，わたしたちは，どこかで「A＝非A」を成り立たせているのではないかということです。

「はじめに」でも紹介したこの「A＝非A」は，形式論理の三法則すべてを否定するものになっていますので，ここでは形式論理と対置させて，「福祉論理」と呼ぶことにします。

この式の意味するところは，「AはAではなく（同一律の否定），Aでない

もの（非Ａ）であって（矛盾律の否定），Ａでもありかつ非Ａでもある（排中律の否定）」ということになります。したがって，まさに理屈にはまったく合わない，「非合理」としか言えないような式になっています。

　しかし，さきにも述べたように，形式論理が証明することのできない約束事にすぎないのだとすれば，形式論理の否定としていくら理屈に合わないように見えるとしても，福祉論理を成り立たせることはできないなどと断定することはできません。つまり，形式論理と同様に，わたしたちが約束事として福祉論理を設定することは，いつでもできるということになります。

●福祉の原点●

　一見して明らかなように，福祉論理「Ａ＝非Ａ」が成り立ち，Ａと非Ａとが等値であるとされるとき，わたしたちは福祉ルール「非Ａ→Ａ」を自在に活用することができます。すなわち，市場ルールが形式論理によって基礎づけられていたように，福祉ルールは福祉論理によって根拠づけられています。

　逆にいえば，福祉ルールに基づいて行われている働きかけがあるとき，そこにおいて，福祉論理をいつのまにか採用しているということになります。そして，福祉は，まず「無条件の肯定」という福祉ルールを出発点として始まりますから，それを成り立たせている福祉論理こそが，福祉の原点であるということになります。

　福祉は福祉ルールに始まり，福祉ルールは福祉論理に基づいています。したがって，福祉は，福祉論理に基づくふるまいとして始められることになります。

3．福祉論理を成り立たせる人間

●現実と受けとめ方●

　なぜ，福祉論理などといった，非合理な定式が成り立つのでしょうか。

　それは，現実そのものと，現実に対する人間の受けとめ方とが，異なっているからです。福祉論理「Ａ＝非Ａ」が成り立つのは，人間の現実に対する

受けとめ方，すなわち，肯定する「A」および否定する「非A」との間においてです。現実「R」そのものにおいては，形式論理しか成り立つことはありません。

少していねいに見ていくと，福祉ルールの「非A→A」において，「非A」とは，現実の何かを非－肯定的（＝否定的）にとらえているということを表していました。これに対して「A」は，同じ現実の何かを肯定的にとらえることを指しています。

つまり，「非A→A」という定式は，現実の「何か」に対してそれを否定的にとらえることから，肯定的にとらえることへと受けとめ方が変換されたことを意味しています。すなわち，「非A→A」で変換されたのは，現実の「何か」ではなく，その「何か」に対する「受けとめ方」であるということです。

とらえられる側の現実自体は，何も変化はしていません。変わったのは，その現実をとらえる眼差しだったのだというわけです。

●「コップ半分の水」三たび●

ここで，先にも取り上げたコップ半分の水をもう一度例にすると，「非A」は「もう半分しかない，どうしよう」と否定的にとらえることであり，「A」は「まだ半分も残っている，よかった」と肯定的にとらえることです。そして，両者がとらえている現実としてのコップ半分の水それ自体は，何も変わることなく同一です。つまり，そこでは同一律「R＝R」が成り立っています。

それに対して「非A→A」は，現実を否定的にとらえることから，同じ現実をそのまま肯定的にとらえることへと変換されていることを示しています。

このように，わたしたちは，同一である現実「コップ半分の水」について，「コップ半分しかない」と否定的にとらえることもできれば，「コップ半分もある」と肯定的にとらえることもできます。

ここで気をつけるべきことは，現実がわたしたちの受けとめ方の外にあるということです。そのようにわたしたちから独立している現実に対して，わたしたちは，「非A」と「A」とを二極とするグラデーション「非A〜A」で

とらえようとします。

　しかし，コップ半分の水は，わたしたちが否定しようが肯定しようが，あるいは，それらを二極とするグラデーションのどこに位置づけようが，そうした受けとめ方に関係なく，コップの半分を満たす水として，そこにあります。そこでは，形式論理の同一律しか成り立ちません。つまり，現実そのものはわたしたちの受けとめ方の外にあって，わたしたちがどのようにとらえるのかとは，関係がないということです。

　それに対して，形式論理には決して収まることのない「A＝非A」などという福祉論理が現れるのは，コップの水に対して否定的にとらえたり肯定的にとらえたりする，わたしたちの「受けとめ方」においてです。そして，こうした「受けとめ方」をするのはわたしたち人間ですから，形式論理がコップ半分の水などのような現実を表しているとすれば，福祉論理はあくまでも人間の側の論理であるということになります。

　福祉論理は，形式論理のように現実において自然に成り立っているのではありません。すなわち，「福祉論理が成り立っている」のではなく，あくまでも「わたしたち人間が福祉論理を成り立たせている」のです。逆に言えば，福祉論理を成り立たせることのできるのが人間というものである，ということになります。

　つまり，こうした福祉論理を用いることによって，思いどおりにならない現実に対する受けとめ方を反転させ，そうした現実をそのまま受けいれていく福祉ルールを，成り立たせることができているわけです。

■コラム 10：「あるはある」

　古代おいて，この世界（自然や宇宙）はどのようなルールに基づいて成り立っているのか，といったことを問い始めた人たちがいました。初期には，神々によって世界が秩序立てられているという神話が，世界各地で作られました。神話などというと現代では冷笑されそうですが，その根底には，宇宙や自然を丸ごと一つの秩序として，全面的かつ体系的に説明しようとする強い意志をみてとることができます。

　続いて，たとえばギリシャでは，自然の万物について，それらの元になる素材は何かと問う人たちが現れ，「水」や「空気」あるいは「火」などが，宇宙の始原に置かれるようになりました。

　ここで語られ始めたのは，あくまでも世界を説明しようとする原理であって，それが非現実的な神話ではなく，日常的にも了解される具体的な素材として示されるようになったわけです。それによって，絶え間なく変化し，多様な生命体が生まれては消えていくこの世界を，まさに生きている一つの調和的全体として，いわば「生ける自然」としてとらえようとしたのでした。

▶パルメニデス

　ところが，こうした「生ける自然」というとらえ方に対して，決定的に次元の異なるとらえ方が，パルメニデス（紀元前5世紀ごろ）によってもたらされました。

　「女神からの啓示」という神秘的な体裁で示された新たなとらえ方の要諦は，「あるはある」「あらぬはあらぬ」と定式化されます。これによって，とりあえずは形式論理でいうところの同一律といった，あまりにも自明なルールが姿を現したことになります。

　パルメニデスが現れるまで，この世界に対する人々の感性的なとらえ方は，生成消滅を無限にくり返してやまない「生ける自然」でした。しかし，彼によって，「あらぬ」が「ある」になる「生成」も，「ある」が「あらぬ」になる「消滅」も，すなわち「生ける自然」が示すあらゆる変化が否定されたことになります。

　目の前の世界は，生滅に満ちあふれているにもかかわらず，たしかに，「あ

るはある」という同一律を理性的に拒否することはできません。それは，感性（生ける自然）／理性（同一律）を区別する衝撃的な啓示でもあったということになります。

　さらにパルメニデスは，「ある」についての特徴として，「それはあったことなく，あるだろうこともない。今あるのである―― 一挙にすべて，一つのもの，つながり合うものとして」（『ソクラテス以前哲学者断片集Ⅱ』傍点引用者）と述べています。すなわち，「一つのもの」が「ある」と宣言されたのです。

　しかし，世界は，生滅を無限にくり返す生ける自然にほかなりません。そうであるならば，ここでは「一つのもの」である世界と，無数の生成消滅という事実との，まったく別の次元がとらえられていることになります。どのように理解すればよいのでしょう。

▶モニターと動画

　こうした事態を現代風にたとえるなら，無限無数の「生ける自然」は，モニターに映しだされた動画のようなものということになります。そこでは，時が流れ，絶え間なく万物が移ろいゆくわけです。

　ところが，パルメニデスが「ある」と言ったのは，映っている動画ではなく，その動画を映しだしているモニターについてでした。すなわち，一つの世界（モニター）があり，そこにおいて生ける自然（動画）が千変万化しているということであり，両者はまったく次元が異なっているのですが，しかし，一つであるということになります。

　このように，どれほど多種多彩な動画が映されていようとも，それらを映しだすモニターは「一つのもの」，つまり，「一」として，過去でも未来でもなく，今ここに「ある」ということです。

　そして，このように，無限に変化し続ける生ける自然が，一つのモニター上にあるのであれば，そこでは，「無限＝一」，すなわち，「Ａ＝非Ａ」といった福祉論理が成り立っていると言えます。

第 11 章 意味の論理

1. 「意味」への拡張

　もう一度確認しておきますが,「A＝非A」などという奇妙な式が現れるのは, わたしたちの受けとめ方においてであって, 現実そのものにおいてこんな式が成り立つなどということはありません。別の言い方をすれば, 福祉論理である「A＝非A」という式は, わたしたちが現実を受けとめるとき, そこに現れてくるものです。

　わたしたちはこの福祉論理に基づいて, 福祉ルールによる受けとり方の反転「非A→A」を用いることができます。あるいは逆向きの反転「A→非A」によって, 贈りものを受けとった際に, 申し訳なさといった負い目を感じたりします。

　ところで, ここまで「A」とは, わたしたちが現実を肯定すること, すなわち, 現実を肯定的なもの「として」とらえることを表すこととしていました。同様に,「非A」は, わたしたちが現実を否定的なもの「として」とらえることを表していました。

　しかし, たとえばコップ半分の水に対して,「コップに水が半分入っている」とだけ受けとめることがあります。つまり, コップ半分の水という現実に対して, 特段の肯定も否定もしないことがあります。ただ単に, コップに水が半分入っていると認めるだけということです。

　あるいは,「これは机である」というとき, わたしたちは「これ」という現実に対して, 肯定や否定の濃淡をつけることなしに, ただ「机」として見ることがあります。

　そこでは，現実の何かを，コップ半分の水や机「として」受けとめています。つまり，現実について，肯定したり否定したりするわけではありませんが，何か「として」受けとめています。

　そこで，やや煩雑になってしまいますが，最終章につなげるために，「A」や「非A」について，肯定することや否定することから，「意味」全般へと拡張してみます。

●「～として」という意味づけ●

　ここで言う「意味」とは，現実の「何か」を「○○として」受けとめるときの，その「○○」を表しています。たとえば，「何か」を「机として」受けとめることは，その「何か」に「机」という意味を与えているということになります。

　これまでの「A」は，現実を肯定的なものとして受けとめることを指していました。つまり，「A」は，現実を「肯定的なもの」として意味づけていたということになります。それを肯定だけでなく，意味全般に拡張するということは，「何かをAとしてとらえること」において，「A」に「肯定的なもの」だけでなく，「水」でも「花」でも「机」でも，何を入れてもかまわないということで，制限を一挙に取り除くことを表しています。

　このように「A」を意味全般に拡張するとき，「非A」は，肯定する（A）の反対である「否定する」に限定されず，文字どおり，「Aではない何かすべて」を表すことになります。たとえば，「A」が「机」を意味するのであれば，「非A」は「椅子」でも「水」でも「花」でも，「机」以外のものすべてを意味するというわけです。

　「A」をこれまでの「肯定的なものとして」とらえることから，「○○として」とらえること全般へと拡張することができるのは，いずれも「『～として』受けとめること」という点では同一だからです。「『肯定的なもの』として」が「『○○』として」に一般化されただけであると言えます。

2．意味と福祉論理

●自在な意味づけ方●

　意味全般へと拡張すると，福祉論理「Ａ＝非Ａ」が成り立たなくなるのではないか，と考えることもできます。机は机であって，机ではないものとして受けとめることなど，ありえないように見えるからです。もちろん，机という現実についてはそのとおりです。現実については，形式論理しか当てはまりません。

　意味全般に拡張された「Ａ」については，「これ」をたとえば「机として」受けとめることを表していました。ところが，「これ」は，「机として」意味づけられるだけではありません。たとえば，目の前の「これ」に腰かけることもできます。するとわたしたちは，「これ」を「椅子として」とらえたことになります。あるいは，天井の電球を取り替える際には「足場として」使うこともあるでしょうし，地震のときには上から物が落ちてくるのを避けるための「防災用具として」，下に隠れることもできます。

　つまり，通常わたしたちは，目の前の「これ」を「机として」とらえているのはたしかなのですが，状況に応じて，「これ」を「非Ａ」である「椅子として」「足場として」とらえることもできます。

　このことは，「机は椅子である」などということを表しているわけではなく，「わたしたちは，ふだん『机として』とらえている『これ』に対し，腰をかけることによって『椅子として』とらえることもできる」ということを示しています。すなわち，「これ」に対するわたしたちのとらえ方が，「机として」以外にまったくありえないわけではない，ということです。

　さらに，「これ」は，通行をさえぎる「バリケードとして」利用することもできますし，木製であれば，壊して「たきぎとして」使うこともできます。不要になってしまえば，ただの「粗大ごみとして」処分することになります。

　以上が示しているのは，わたしたちが何かを「○○として」意味づけることは，案外自由に行うことができるものであるということです。福祉論理と

は，無限定というわけではありませんが，私たちの意味づけの自由さを表現
したものであるということになります。

　こうして，「はじめに」でも触れたように，わたしたちは，「花は花ではな
くこころのこもった愛情のあかし」として，「犬は犬ではなくかけがえのな
い家族」として，意味づけることができるのです。

●福祉論理が成り立たせている「意味づけ」●

　このように，現実そのものではなく，現実の「これ」を「何として」意味
づけるのかといったとき，わたしたちは「これ」を「机として（A）」とらえ
ることもあれば，「椅子として，足場として……（非A）」の意味を与えるこ
ともできます。

　つまり，「A」や「非A」を肯定や否定から意味全般に拡張しても，やは
り，わたしたちが現実「R」を受けとめる際には，多様な意味づけを行うこ
とができるので，その背景では福祉論理「A＝非A」を成り立たせていると
いうわけです。

　机という現実が，姿かたちを変えて，椅子になったり足場になったりする
わけではありません。あくまでも，「これ」を「机として」受けとめること
が，一つだけに固定されてしまっているわけではないということです。わた
したちは状況に応じて，「これ」の意味づけ方を，「椅子として」や「足場と
して」に変えることができます。

　このとき，現実そのものは，わたしたちの受けとめ方の外にあります。そ
のため，現実をどのように受けとめて意味づけたとしても，それとは関係な
く，現実はそのままの現実でしかありません。

●言葉による「意味づけ」●

　このように，現実が何らかの意味として現れてくるとき，わたしたちは，
そこにおいて福祉論理を成り立たせています。

　では，なぜわたしたちは，非合理にしか見えない福祉論理を用いて，現実
と向きあうのでしょう。

　それは，わたしたちが現実と向きあい，現実が意味として現れてくる際に，「言葉」を介しているからです。すなわち，モノとコトの総体である「現実」（R）に対して，モノでもなく，コトでもなく，それらとは異なる「言葉」（RではないA）によって，意味を与えているからです。

　ポイントになるのは，目の前にある机というモノが，「ツクエ」という言葉とはまったく異なっているということです。わたしたちは，言葉を介することなく現実を受けとめることができません。ということは，本来形式論理しか成り立たない現実（R）に対し，向きあい，言葉によって現実をとらえるとき，福祉論理「現実（非AであるR）＝言葉による意味（A）」という式を成り立たせているということです。

　もちろん，いつも常に現実と向きあって受けとめているわけではなく，特に何も考えることなく，言葉を浮かべることもなく暮らしている時間がほとんどなのですが，もし，わたしたちが現実と向きあって受けとめようとするのであれば，そのときには，言葉を介するために，福祉論理を成り立たせなければならないということになります。

3. 背景にしりぞく意味づけ

　人について，ある人は自宅では「親として」，職場では「課長として」，お店では「客として」……というように，状況に応じてさまざまに意味づけられます。しかし，その人は，いかなるときもその人です。あるいは，「福祉」のように，目の前に指し示すことができないような言葉についてであれば，より一層さまざまに受けとめられ，意味づけられます。

　実際，本書では，現実において幅広く展開されている福祉を俎上にあげて，「福祉とは」と言い換えていくことをくり返してきました。つまり，福祉という現実に対して角度を変えることで，次々と意味づけていくことを試みてきたというわけです。

　本書は，「はじめに」でもふれましたが，「福祉とは」という問いに一つの回答を与えようとするものではなく，福祉を語りつくすことなどできないと

いうことを前提としています。だからこそ逆に，あえて福祉が開始される出発点として，「無条件の肯定」である福祉ルールを位置づけました。福祉という現実があまりにも複雑で，その全体像を語りつくすことができないからこそ，せめてその出発点だけは一つのルールとして明示しておこうと試みたわけです。

　そのため，この出発点から後の実際に現実を改善していこうとする領域の広がりや，活動の展開については，収拾がつかないほど多岐にわたっているとしか言いようがなく，本書ではふれていくことができません。

● 「現実」の意味づけ方 ●

　意味づけ方が必ずしも一つに固定されているわけではないのであれば，これまでに前提としてきた，「変えることのできる現実」と「変えることのできない現実」といった区別も，差し戻されることになります。なぜなら，そもそも区別された二つの現実があるのではなく，ある現実があって，それを「変えることができるもの」として受けとめるのか，「変えることのできないもの」としてとらえるのか，といった意味づけ方が違うだけだということになるからです。

　単なる表現の仕方の違いにすぎないようにも見えますが，これまで，「変えることのできない現実だから，そのまま受けいれるしかない」と述べてきたことは，「ある現実を変えることのできないものとして受けとめるとき，そのまま受けいれるしかない」ということになります。これによって，ある現実に対して，ほとんどの人が変えることはできないととらえているなかであっても，変えることができるかもしれないという受けとめ方の可能性を残すことができます。

　実際，たとえば病気の治療法が進歩してきたように，かつては変えて治すことのできなかった病気という現実が，技術の進展や知見の深まりなどによって，変えて治療することができるようになっているように，変えられなかった現実が変えられるようになっていることも少なくはありません。

●図と地●

　このように，わたしたちが現実と向きあって受けとめるとき，現実はわたしたちにとって，すべて「○○として」，言葉によって意味づけられて現れてきます。つまり，現実はわたしたちに対して，何らかの言葉となって現れてくるときがあるのです。

　ただし，わたしたちは常に現実と向きあっているわけでもなければ，現実を言葉で受けとめているなどということもありません。図と地のたとえを用いれば，言葉として受けとめられるのは，現実のなかでも図の部分だけで，ほとんどは地として背景にしりぞいています。

　たとえば，駅への道を急いでいるときであれば，図として浮かび上がるのは，「あと何分」という時間を知らせる時計と，行く手を阻む赤信号ぐらいで，「ここに電信柱」「向こうから車」「前にカップル」など，もちろん見て把握はしているのですが，地として背景に溶け込んでおり，一つひとつの意味づけが自覚されるようなことはありません。

　ただ，そんなときでも，見たことのない建物やお店に気づくと，ふと「あれっ，こんなところに」と図として浮かび上がり，動きを止めて見回すようなこともあります。

　あるいは，たとえ「机」に腰かけたとしても，それに「椅子」としての意味を与えているわけではなく，何気なく，ただ座ってみたにすぎません。

●「現実は言葉になる」●

　このように，わたしたちは，言葉を介して現実を受けとめています。そのため，「現実とは言葉である」と言い切りたくなります。わたしたちにとって，現実は必ず言葉をともなって現れるからです。何だかよく分からないものや聞いたことのないことなども，それこそ「分からないもの」「知らないこと」という言葉とともに現れてきます。そのため，「コラム9」で見てきたように，古来，現実（万物）は言葉であり，言葉が現実なのだとされてきました。

　しかし，上でたしかめたように，日々の暮らしの中で，常に現実を言葉で

受けとめているというわけではありません。実際，特に何も考えることなく，駅への道をただ急いでいたり，ぼんやりたたずんでいたりすることも少なくはありません。つまり，ことさら図として浮かび上がる何かがあるわけではなく，全体が地として背景にしりぞき，何らの言葉も浮かぶことのない時間というものが，日常の多くを占めています。

　さらに本書は，現実そのものと，現実に対する人間の受けとめ方とは別であり，現実はわたしたちの受けとめ方から独立しているという立場をとっています。つまり，先に例で挙げたコップ半分の水で言えば，「半分しかない」と受けとめようが，「半分もある」ととらえようが，コップ半分の水は，どのように受けとめるかといったこととは関係なく，それらから独立して，ただ，そこにあります。

　とはいえ，コップを前にすれば，半分「しか／も」は別としても，「コップ」「半分」「水」といった言葉が自然に浮かんでくるのもたしかです。したがって，「現実は（常に）言葉である」とは言えませんが，わたしたちが現実を図として受けとめるとき，そのつど「現実は言葉になる」ということになります。

4．先行する福祉論理

　このように「A」を意味全般に拡張しましたので，あらためて福祉論理と形式論理との関係について，確認しておきます。

　福祉論理とは形式論理の否定にほかならず，形式論理は福祉論理を封印することによって成り立ちます。したがって，両者が同時に成立するなどということは，とても奇妙なことです。では，なぜこの世界には，本来両立するようには見えない二つの論理が現れ出たのでしょう。

　結論から言えば，福祉論理が形式論理を生み出したのです。

　福祉論理「A＝非A」と形式論理の同一律「R＝R」を見比べると，両者の違いは福祉論理に含まれている「非」であることが分かります。同一律には「非」が存在しません。

そして，福祉論理を自己言及させると，そこには「非‐福祉論理」が生まれます。つまり，福祉論理「A＝非A」に自分自身を入れてみると，「福祉論理（A）＝非‐福祉論理（非A）」になるということです。

さらに，「非‐福祉論理」は，どうしても形式論理になります。たとえば，定式「A＝非A」の三項である，「A」「＝」「非A」をそれぞれを否定していくと，①「$\dot{非}A$＝非A」→同一律，②「A$\dot{\neq}$非A」→矛盾律，③「A＝$\dot{A}$」→同一律になります。そして，三項とも否定すれば，「$\dot{非}A\dot{\neq}\dot{A}$」→矛盾律となります。もちろん，複数回の否定は「否定×否定」で肯定になってそのまま変わりませんが，奇数回の否定による「非‐福祉論理」は，形式論理にしかなりません。

それに対して，形式論理の同一律「R＝R」は，そもそも「非」を含んでいないので，自身に当てはめても，「形式論理＝形式論理＝形式論理＝・・・」のように，ただくり返されるだけで，そこから別の何かが生まれてくることはありません。

ここから，この世界において二つの式が成り立つとするならば，福祉論理が形式論理に先行しているということが分かります。福祉論理は形式論理を生み出しますが，逆は成り立たないのです。

わたしたちは，まず合理があって，その欠陥体として非合理が発生するのではないかと考えがちですが，そうではなく，まず非合理があって，そこから合理が生み出されるのです（コラム12参照）。

また，福祉論理が形式論理に先行しているということは，福祉ルールが市場ルールに先立ってあるということを教えてくれます。これは，人間が無力無能な状態で生まれてきて，そんな状態でも福祉ルールで無条件に受けいれてもらって，全面的に保護されることで，生を開始することからも理解できます。まず作動するのは福祉ルールであって，市場ルールは後からなのです。

さらに，形式論理が福祉論理から生み出されるのであれば，そもそも現実において形式論理が自然に成り立っていたなどというわけではなく，わたしたちが現実と向きあい，現実を受けとる際，そこに形式論理をみてとっただけであるということになります。

●現状否定が生む市場ルール●

では，そもそも「非」がなんら含まれていない同一律「R＝R」に，無理やり否定をねじ込むとどのようなるのでしょう。

それによって，市場ルールが生み出されます。

同一律に対して，強引に否定を埋め込むと，現状「R」が否定され，その否定を解消するために，「R」はそのままであり続けることができず，自らを変化させて「もっと」を加えた「R＋*a*」を目指していく運動を開始するしかなくなるわけです。

こうして，現状否定を出発点とすることによって，「＋*a*」（もっと）を自己目的的にひたすら目指す市場ルール「R→R＋*a*」が生み出されていきます。

■コラム 11：述語の論理

▶同一性に基づく論理

　一般に，形式論理は，主語が同一であるときに成り立つようにできています。たとえば，「人間は，死ぬ」「ソクラテスは，人間である」「ソクラテスは，死ぬ」という三段論法では，大前提の主語（人間）に小前提の主語（ソクラテス）が含まれるため，主語が同一であるということから，結論（ソクラテスは，死ぬ）が導き出されています。

　ところが，述語が同一であるときに成り立つような論理を，組み立てることもできます。そうすると，たとえば「わたしは，人間である」「ソクラテスは，人間である」「わたしは，ソクラテスである」のように，大前提の述語（人間）と小前提の述語（人間）とが同一であるということに基づいて，結論（わたしは，ソクラテス）が引き出されます。

　もちろんこれは，形式論理に反しており，「わたし」と「ソクラテス」といった，そもそもまったく異なるものがイコールで結ばれる福祉論理「Ａ＝非Ａ」を表しています。

　すなわち，形式論理は主語の同一性に基づくものであるのに対して，福祉論理は述語の同一性によって導出されるわけです。

▶「古論理」

　こうした述語が同一であることに基づく非合理的な論理は，統合失調症などの精神的な混乱状態で見られることが指摘されてきました。なかでも，この論理を「古論理（パレオロジック）」と名づけ，統合失調症者の妄想を構成している考え方であると位置づけたのは，イタリア出身の精神医学者アリエティ（1914-1981）です。

　彼は，古論理の意義にふれて，耐えがたい現実に気づいてしまった患者にとって，ひとたび別の様式，すなわち古論理の考え方で現実を解釈すれば，自らの望むままに現実をとらえることができると述べています。そして，述語が同一であることに基づく論理を用いて，自分が合衆国大統領であるとした男性患者や聖母マリアであるなどと見立てた女性患者の例を紹介しています（『精神分裂病の解釈Ⅰ』）。

　さらに，こうした古論理の考え方が，日常の合理的な常識からみれば「異常」とみなされるしかないことを認めながらも，それは決して「劣等」であるわけではないと喝破したのが，精神病理学者の木村敏（1931-2021）でした（『異常の構造』）。

　すなわち，古論理の考え方が異常に見えるのは，わたしたちが古論理を理解する能力を持っていないからにすぎないのであって，わたしたちは合理的な考え方などという窮屈な様式に束縛されており，逆に，古論理の考え方こそが無限の連想に基づく想像力を可能にするという意味で，自由な論理ではないかというわけです。

▶普段使いされる福祉論理

　これはまさに正鵠を射た指摘なのですが，ただし，わたしたちは古論理が理解できないどころか，この述語の同一性に基づく論理を普段から何気なく用いて，もともと異なる何か（A／非A）について，当たり前のように同じであるととらえています。

　たとえば，「このリンゴ」と「あのリンゴ」は，それぞれ個物としてはまったく異なるモノですが，「これはリンゴである」「あれはリンゴである」というように，どちらも同じくリンゴであるとして，「これ」と「あれ」の違いにとらわれることはありません。また，さまざまな草花を「雑草」としてとらえたり，それぞれに異なる木々を「森」としてひとくくりにしたりして，細かな違いを捨象してしまうこともいつも行っていることです。

　述語の論理は，現実の一部を「リンゴ」や「雑草」などといったカテゴリーにまとめてしまうことで，それぞれの違いを捨象して，情報量の圧縮を可能にしているのです。

　わたしたちは，もともと異なる何かであっても，同じ述語を当てはめることによって，それらを同一に受けとめることを当たり前のように行っています。すなわち，「これ＝リンゴ＝あれ」であって，一般化すると「A＝同一の述語＝非A」ということになります。

　このように，わたしたちは特に自覚をすることもないままに，述語を等しくすることで福祉論理「A＝非A」を使いこなし，異なる何かを相互に結びつけ，同一視することによって，情報量を縮減するような受けとめ方を日常的に行っているわけです。

第12章 「かけがえのなさ」が生まれるところ

1．「かけがえのなさ」

●意味づけられる「人」●

わたしたちが現実と向きあって受けとめる際，現実は，そのつど言葉によって，「○○として」という意味を与えられています。もちろん，そうした意味づけに対する自覚は，普段は背景にしりぞいており，一つひとつの意味を受けとめることがいつも意識されているわけではありません。

そこで，以下では，さまざまなモノやコトから成り立つ現実のなかでも，「人」に焦点を当てていきます。というのも，現実において，とりわけ自分をはじめとして身近な人たちや見知らぬ人など，さまざまな「人」に対しては，何らかの意味づけを自覚しながら行うことが多いからです。

このとき，市場ルールでは，何らかの条件がそのつど設定されるので，その条件に対する「できる／できない」「できた／できなかった」といった線引きに，「とても」から「まったく」へのグラデーションが細分化されて加味されるとはいえ，市場ルールで人に与えられる意味は，設定された条件によって一面的に限定されます。もちろん，さまざまな条件が次から次へと設定されていきますから，それに応じてクリアできたかどうかといった意味が蓄積されていくわけです。

それに対して，福祉ルールは無条件に受けいれるということを表していますから，そこで生まれてくる意味には特に制限もなく，条件というものが設定されていないので，とるに足らないものをも含む意味が，豊かに生み出される可能性に満ちています。

　そのため，福祉ルールに基づくときには，ささやかな思い出の数々もまた，一つひとつが意味を表します。「あんなことがあった」や「こんなこともした」といったエピソードは，それぞれにそのときの人となりを意味づけているのです。

●「意味の束」としての人●

　上記のように，わたしたちについて，一方では「〜がとてもできる」など市場ルールの条件に基づいた限定的な意味づけが蓄積され，もう一方では福祉ルールに基づいて，とるに足らないような過去のエピソードをふまえた意味づけが，豊かになされていくことになります。

　そうした多種多様な意味を集積していくことによって，人は，数えきれない意味の「束」として表されることになります。意味は，周囲からも自分自身からも生み出され続け，そこには，中心となる意味もあれば，些末な意味も数多く含まれています。

　いずれにしても，人をこうした意味の束としてとらえるとき，ある人の意味の束のすべてが別の誰かの束とピッタリ重なって同一になる，などということはありえないということになります。意味の束として，一人ひとりはそれぞれ別々の経験を重ねてきていますし，また，現実に対する受けとめ方も，微妙にあるいは大きく相違するからです。

　このように，一人ひとりにもたらされる意味の束がお互いに異なっているということは，そうした意味の束がその人だけのものであり，他の人と取り替えることなどできないということ，すなわち，その人の「かけがえのなさ」を表しているということになります。意味の束という表現は，「かけがえのなさ」を言い換えたものになっているのです。

●「かけがえのない存在」として●

　福祉は，無条件に肯定することから始まります。ありのままを受けいれるということは，何らかの基準や条件に照らしてその人を意味づけることではなく，雑多ではありますが，だからこそ多種多様に生み出された意味の束と

して，その人を受けとめることです。

そして，意味の束がかけがえのなさを言い換えた表現であるならば，ある人をありのままに受けいれるということは，その人をかけがえのない存在として受けとめることであるということになります。

ただし，実際は，おそらく真逆です。つまり，その人を意味の束としてそのまま受けいれるから，その人がかけがえのない存在になるのではありません。反対に，その人をかけがえのない存在として受けとめようとするから，とるに足らないものをも含む意味の束として，そのままを受けいれるのです。

かけがえのない存在として受けとめようとすればするほど，わたしたちは，条件やカテゴリーといった何らかの枠組みでとらえるのではなく，ありのままを受けいれようとします。というのも，条件をクリアしたかどうかや，カテゴリーに当てはまるどうかでとらえている限り，代替可能なスペアはいくらでも見つけることができるからです。そこに「かけがえのなさ」が姿を現すことはありません。「かけがえのなさ」は，わたしたちがその人をかけがえのない存在として受けとめようとすることによって，はじめて現れてくることなのです。

わたしたちは，かけがえがないと思うからこそ，ありのままを受けとめようとします。そして，福祉は，「ありのまま」を無条件に受けとめることから始まります。したがって，福祉とは，その人の「かけがえのなさ」を大切にすることから始まる営みである，ということになります。

2．「かけがえのなさ」の表現

●―一面的な表現●

ところで，ある人の「かけがえのなさ」は，どのように表現されるのでしょう。たとえば，「この人は○○です」と表現するとき，それが「□□の会社員です」「××県出身です」「身長△△ｃｍです」など，「○○です」と表現されるならば，同様に表現される人は他にも無数にいる場合がほとんどなので，「○○です」によって，「かけがえのなさ」を示すことは，通常できませ

ん。先の「コラム 11」で見たように，述語である「○○です」が同一であることによって，異なるものが同じものとして受けとめられてしまうからです。

　万が一，その「○○」が他の誰にも当てはまらないような表現，たとえば何かの世界記録保持者であるなどであったとしても，そうした一つの意味だけで自分のすべてが表されることを望むようなことはありません。

　人は，たわいないようなものであっても，数知れない多彩な側面を含む意味の束として，とらえてもらうことを求めます。多様な意味を組み合わせれば合わせるほど，その人の多面的な豊かさや奥深さを表し，それによって，自分自身を他の人たちとは異なるかけがえのない存在としてとらえることができるからです。

　しかし，誰かについて，意味の束をすべて列挙するなどということは，事実上できません。というのも，単純に数えきれないということもありますが，ある人の意味の束には，本人にしか知りえない意味もまた含まれているからです。

　逆に，偏見は，一つのカテゴリーや属性だけで，ある人を特徴づけようとすることから始まります。そうした一面的なとらえ方をされることによって，暴力的に透明化されてしまうため，それがどれほど良い属性に基づいているとしても，人は居心地の悪い不快感を覚えることになります。

● 「この人は，この人です」 ●

　このように，「この人は○○です」という表現では，「かけがえのなさ」を表すことができません。

　ところが，一つだけ例外があります。誰についてであっても，「この人は，この人です」という表現は，その人にしか当てはまりません。「この人」は，どこまでも「この人」であって，他のどの人でもないからです。もし，「かけがえのなさ」をメッセージとして発信できる表現があるとすれば，「この人は，この人です」しか残ってはいません。

　しかし，もともと「RはRである」で表される同一律は，何に対しても成り立つという合理性を代表していました。そのため，それ自体は新たな意

味，すなわち情報量を持たない空疎な形式論理にすぎませんでした。

　そんな同一律によって「かけがえのなさ」が表されるのだとすれば，それは，わたしたちが同一律に対して，「かけがえのなさ」という意味を読み込んでいるからだということになります。

　くり返しますが，同一律の情報量は「ゼロ」です。「花は花である」は何の情報ももたらしてはくれません。それ自体は，もともと何も語りかけてはこないのです。それに対して「かけがえのなさ」とは，他と比べたり，ましてや取り替えたりすることのできない「ただ一つ」であること，すなわち「一」を表しています。そして，わたしたちは，同一律に「かけがえのなさ」を読みとることができます。

　そうであるならば，ここで「ゼロ」を「一」に変換していることになります。このときわたしたちは，「0→1」の変換式を成り立たせているのです。すなわち，「非A→A」といった価値を反転させる福祉ルールが適用されているわけです。

　「この人は，この人です」などといった同一律において，そこに「かけがえのなさ」を入れ込んで，「この人は，他の誰とも取り替えることのできない，いわばかけがえのない存在として，この人です」と読みとることができるのは，同一律の情報量が「ゼロ」であり，「ゼロ」であるからこそ，福祉ルールによって，「一」に変換することができるからなのです。

　「かけがえのなさ」は，わたしたちが福祉ルールを活用する限りにおいてのみ，その姿を現すことができます。ただし，つけ加えておかなければならないのは，「ゼロを一に変換する」と表現していますが，「ゼロか一か」といった二項対立について述べているわけではないということです。

　私たちの現実に対する受けとり方は，どこまでもグラデーションです。「かけがえのなさ」もまた，「0/1」などではなくグラデーションであって，さらには，固定しているなどということもなく，時間の流れに沿って変化したり，何かのエピソードによって急変したりすることもあります。

　あるいは，部分的に濃淡があることもありますし，パートナーを選ぶときのように，場合によっては，ある人の「かけがえのなさ」と別の人の「かけ

がえのなさ」とが比べられるようなこともないわけではありません。

　では，この「かけがえのなさ」は，どこから現れてくるのでしょうか。

3．「かけがえのなさ」の正体

●理解しつくせない「人」●

　少し回り道をしますが，くり返してきた「基本の構図」に戻ります。

　「基本の構図」のポイントは，「できない人」というとらえ方ではなく，「できない」ことと「人」とを分けてとらえることでした。「できる／できない」ことについて，わたしたちは，何がどの程度できるのか／できないのかといったことを理解することもできますし，それに応じて，どのように対応することでどれほど改善されるのか，といった見通しを持つこともできます。つまり，「できる／できない」ことについては，条件をクリアしたかどうかやカテゴリーに当てはまるかどうかといったことによって，分かることができるのです。

　それに対して，意味の束である「人」を理解しつくしたり，予測することはできません。もちろん，まったくできないわけではありませんが，「人」には不透明な「分からなさ」が残ります。

　たとえば，わたしたちは，「人」の痛みを痛むことができません。つまり，他人の痛みを直接体験することができないのです。こうした感覚だけでなく，どう考えているのか，何を求めているのか，あるいは現実の何かに対してどのように受けとめているのかなどについても，直接的に知ることはできません。言葉のやり取りによるすり合わせはできますが，それによってピッタリ一致していることが保証されるわけではありません。痛いだろうと推測することはできますし，どのように受けとめているのかを察することもできますが，それが正しいのかどうかということを確かめるすべはありません。

　つまり，まったく分からないわけではありませんが，すべてを分かってしまうこともできないのです。「人」は，わたしたちの理解や予測に決して回収されることのない，「分からなさ」を抱えています。だからこそ，分かるこ

とのできる「できる／できない」ことと，分かりきることのできない「人」
とは，分けてとらえられなければならないのです。

●理解しつくしてしまう優生思想●

　これに対して，前に見てきた優生思想は，こうした「できる／できない」
ことと「人」とを，あえて分けようとはしないとらえ方に基づいています。
つまり，「できること＝優れている」／「できないこと＝劣っている」という
評価に「人」をそのままつけ加えて，「できる人＝優れた生」／「できない人
＝劣った生」としているわけです。

　たしかに，何かができるのであれば，そのこと自体は肯定的に評価されて
しかるべきです。そして，そこから評価することのできる「できる／できな
い」と，「分からなさ」を抱えている「人」とを，一つにしてしまうことがい
つでもできてしまいます。わたしたちは，「できる／できない」ことと「人」
とを分けようとはしないとらえ方を，してしまいがちなのです。

　優生思想を生み出してしまう市場ルールは，条件のクリアによって肯定し
たり否定したりすることに基づいていますから，そもそも「できる／できな
い」と「人」とを分けてとらえようという発想そのものが，ないとも言えま
す。

●「分からなさ」におびえる市場ルール●

　では，どうして市場ルールでは，「できる／できない」と「人」とを分けよ
うとはしないのでしょう。

　それは，「人」の秘めている「分からなさ」を，恐れているからです。「人」
の抱える不透明さに，耐えられないのです。市場ルールにとって，この「分
からなさ」は，理解することもコントロールすることもできない不気味なノ
イズでしかありません。そのため，「分からなさ」を抱えた「人」に対して，
「できる／できない」といった条件のクリアを当てはめて分かってしまおう
とするわけです。

　市場ルールを用いる際には，「人」の「分からなさ」を消してしまうことで

安心しようとします。すべてがプログラムされているロボットのように操作できることを求めるわけです。

　それに対して，福祉ルールによって，わたしたちは「できる／できない」ことと「人」とを分けたうえで，「人」をそのまま受けいれます。つまり，「分からなさ」を抱えた「人」を，分からないままに受けとめ肯定するわけです。というよりも，「分からなさ」を抱えた「人」ではなく，どこまでも残る「分からなさ」を，ここでは「人」と呼んでいるだけであるとも言えます。

　このように，「分からなさ」をそのまま受けとめるとき，「かけがえのなさ」が姿を現してくるのです。したがって，わたしたちが「分からなさ」に対してコントロールしようとするのではなく，分からなくてもいいのだと思えるとき，すなわち，分からないままに受けいれるとき，「分からなさ」は，市場ルールから見た「不気味さ」ではなく，福祉ルールに基づく「かけがえのなさ」になるわけです。

　「分からなさ」こそが「かけがえのなさ」の正体なのです。

　しかし，「分からなさ」がそのまま「かけがえのなさ」であるなどということはありません。「分からなさ」そのままは，ただの「分からなさ」にすぎないからです。そうではなく，「分からなさ」は，とらえ方を反転させる福祉ルールに基づいて受けとめられるとき，「かけがえのなさ」になるということです。わたしたちは，「分からなさ」を「かけがえのなさ」として読みとることができるのです。

●他人の瞳に映るわたし●

　わたしたちは，自分自身についても，分かりきることができません。どうして自分がそのように受けとめるのか，どうしてそう考えるのか，そう感じるのか，常に説明できるとは限らないのです。そのため，「わたしは，わたし」もまた，「わたしは，わたし自身にも分からない」ということを表しているということになります。わたしたちは，自分自身を語りつくすことができないからです。

　しかし，わたしたちは「わたしは，わたし」という表現に対して，自分に

対する「分からなさ」を感じることはできますが，そこから自分自身で「かけがえのなさ」を読みとることはできません。この表現は，情報量ゼロの同一律にすぎないからです。

「わたしは，わたし」は，他人から「かけがえのなさ」を読みとってもらっていると実感できるとき，すなわち，「あなたは，あなた」と誰かに肯定されていると感じられるときにのみ，「わたしは，わたし」で，よいとして，自分の「かけがえのなさ」を受けとることができます。

わたしたちは，他人の瞳に映る姿を通してしか，自分というものを受けとめることができないのです。

●「分からなさ」を受けいれる困難さ●

以上のように，「できる／できない」ことと「人」とを分けてとらえることができるとき，そこに「分からなさ」を反転させた「かけがえのなさ」が現れます。

ただし，「人」をありのままに受けいれる「無条件の肯定」が一つの極にすぎず，おおよそわたしたちの受けとめ方が「条件つきの肯定」によるグラデーションで成り立っているように，「できる／できない」ことと「人」とを分けてとらえることもまた，一つの極として示されていますが，実際にはグラデーションにならざるを得ません。

そうした事情は，たとえば，「罪を憎んで人を憎まず」などと言われても，「罪」と「人」とを分けてとらえることが途方もなく困難であるということにも表れています。

しかし，そのような事情を知り尽くしながらも，福祉ルールを用いることによって「できる／できない」ことと「人」とを分け，まず「人」を無条件に肯定し，そのうえで「できない」ことについては，市場ルールに基づいて改善することを目指して働きかけようとします。

少なくとも，「できない」ことと「人」とは別のことであって，分けなければならないとするとらえ方を手放してしまうと，「できない」ことに対する働きかけが「人」にまでも及んで，「人」そのものまでもコントロールしよう

とすることにもなりかねません。

　そうした方向に進めば，「人」の抱える「分からなさ」などはいつしか姿を消し，思いどおりに操作しようとすることに終始されて，いわゆる援助や支援の名の下での支配や強制が行われてしまうことになります。

　「分からなさ」とは，人が人にかかわっていく際の，暴力的な逸脱に対する歯止めなのです。だからこそ，「できる／できない」ことと「人」とは，分けてとらえようと心掛けることが，どこまでも大切になるわけです。

　それは，たとえ，言葉を失うほど絶望的に難しいとしても，あるいは，たどり着くことなどできるはずもない幻にすぎないとしても，決して手放してはいけない心構えなのです。

●「分からなさ」の論理式●

　「分からなさ」を抱えている「人」というとらえ方を大切にすることが，「できる／できない」の線引きによって，何でも分かってしまおうとする暴力的なまなざしに対する歯止めになります。

　そして，福祉論理「A＝非A」は，論理として，まさに「分からなさ」を表しています。形式論理「A＝A」が，理屈にかなっていて理解できる論理，すなわち「分かる」論理であるのに対して，福祉論理は，非合理的でそのまま理解することができない論理，すなわち「分からなさ」の論理になっているのです。逆に言えば，「分からなさ」を論理式で表すと「A＝非A」になるということです。

　福祉ルールによる変換がなければならないとはいえ，「かけがえのなさ」の正体は，「分からなさ」でした。そして「分からなさ」は，福祉論理の式によって表されます。したがって，福祉論理こそが，「かけがえのなさ」の生まれるところであるということになるわけです。

4．「祈り」のとき

　最後にくり返します。

なぜ，わたしたちは，同一律に福祉ルールを当てはめ，わざわざ「ゼロ」を「一」に変換してまで，「かけがえのなさ」を読みとろうとするのでしょう。あるいは，なぜ「できる／できない」ことと「人」とを分けて，「分からなさ」を大切にしようとするのでしょう。

おそらく，その答えは，わたしたち一人ひとりが自分で探していくほかない，としか言いようがありません。

つまり，一人ひとりが「わたし」を主語とする小さな物語を作っていくほかないということです。たとえ，「われわれは」とか「人間とは」などといった大きな物語が声高に語られても，わたしたちの耳に届くことはありません。というのも，大きな物語は，一人ひとりの耳には入らないからこそ，「大きい」とされているだけだからです。

とはいえ，わたしたちが作り出す小さな物語は，グラデーションの上で，微細に，あるいは粗雑に，たえまなくゆれ動き，とどまることがないばかりか，いつしか消えてしまうこともあります。

逆に言えば，福祉とは，そんな，もろくもはかない物語に支えられているということです。

今はただ，わたしたちが「かけがえのなさ」を見失ってしまうようなときのやってこないことを，祈るばかりです。

■コラム 12：三位一体

▶「非合理なる神」

　初期のキリスト教において重視された教義が，三位一体でした。三位一体とは，「父なる神」「子なるキリスト」「聖霊」の「三」が，「一」であるという教義です。つまり，「3 = 1」という主張です。もちろんこれは，誰にも合理的に説明することなどできるはずのない等式でした。

　そのため，4世紀ごろになると，「子なるキリスト」は「生まれた者」なのだから，「父なる神」と一つではありえないとか，また，「生まれた」ということは生まれる前には存在しなかったことになる，などといった理にかなった考え方が広まっていきました。あるいは三位の違いを，たとえば太陽が「天」にあって，「光」を放ち，「ぬくもり」を届けるように，機能や属性などで説明しようとすることも試みられました。

　しかしながら，正統派がこうした合理的な教義を採用することは，決してありませんでした。というのも，こうした理知的な考え方では神とキリストとが別になってしまうため，キリストを通じて神へと至る救済の通路を確保する手がかりが失われてしまうからです。

　さまざまな教義論争が行われ，最終的には，「実体（本質）において一つであり，位格において三つである」という表現に落ち着きました。ここにおいて，父は「生まれないもの」，子は「（父より）生まれるもの」，聖霊は「（父より）発出するもの」というそれぞれの位格において異なるけれども，実体においては一つであると説明されることになったわけです。

　もちろん，何の論証にも説明にもなってはいない戯言にしか聞こえませんが，それにもかかわらず，こうした非合理のみが正統と位置づけられ，理屈で説明することのできる明快で合理的な考え方は，すべて異端として排斥されたのでした（坂口ふみ『〈個〉の誕生』）。

　古代の教父たちは，「非合理なる神」を人智の及ばぬ神秘として，全力で死守しようとしたのです。

▶「神は死んだ」

　しかし，こうした「非合理なる神」は，長く生き延びることができませんで

した。

　古代でも，早くも5世紀には西方教会において，アウグスティヌスが20年以上に及ぶ苦闘のはてに，三位一体について語ることは不可能であるとの結論を出し，「わたしはこの書を論議によらず，祈りをもって閉じたい」と締めくくるようになります（『三位一体論』傍点引用者）。

　また，13世紀の中世神学では，「自然的理性によって神のペルソナ（位格）の三たることの認識に到達することはできない」と断言されるようになりました（トマス・アクィナス『神学大全』カッコ内引用者）。

　さらに，19世紀の近代哲学になると，三位一体的な神は，感性や悟性にとって「一つの秘義である」と断定され，「三位一体的なものとしての神の規定は，哲学にとってはついに全く消失してしまった」と葬り去られてしまいました（ヘーゲル『宗教哲学』）。

　教父たちがあくまでも非合理を守り抜こうとしたのは，そもそも神による救済，それ自体が合理的に説明することのできない恩寵だからでした。恩寵が非合理だからこそ，神もまた合理的であってはならず，神への通路は「祈り」でなければならないとされたのです。

　このように，救済そのものが非合理であり，それにもかかわらず，教父たちが救済への強烈な渇望を抱えていたからこそ，「非合理なる神」を，そこに理の届くことがなかったとしても，手放すことはできなかったのです。逆にいえば，教父以降に進展していった合理化は，救済を希求する人々の思いが失われていったことを表していると言えます。

　いつしか人々は救いを信じられなくなり，それに応じて非合理をそのまま受けとめることに耐えられなくなっていきました。そして，ほどなく「神は死んだ」と宣告されます（コラム2参照）。それは，非合理から生まれた合理が，15世紀にも及ぶ戦いを経て，父なる非合理に圧勝した瞬間でした。こうして，合理が我がもの顔で闊歩するだけの酷薄な時代が幕を開け，今に至っています。

おわりに

「平安の祈り」（セレニティ・プレイヤー）と呼ばれている「祈り」があります。

　　神様，わたしにお与えください
　　自分に変えられないものを受け入れる落ち着きを
　　変えられるものは，変えてゆく勇気を
　　そして，二つのものを見わける賢さを

　　　　　　　　　　　　　　　　『AA ミーティングハンドブック』

　お分かりのとおり，ここにある「自分に変えられないものを受け入れる」のが福祉ルールで，「変えられるものは変えてゆく」のが市場ルールです。つまり，本書は，この祈りをただ冗長にくり返してきただけのものです。

　これらは，いずれも祈るしかないほど，手にすることが困難なものですが，この社会は，「受け入れる」ことを拒み，「変えてゆく」ことだけで自らをおおいつくすことができるという幻想に酔いしれ，「見わける賢さ」を放擲しています。

　私事ながら，この祈りに出会ったのは，30 年以上も前のことです。社会に居場所を失っていたころ，「社会福祉」に受けいれてもらえることになり，「社会福祉」といえば高齢者の介護をするというイメージしか持っていなかったにもかかわらず，初めて配属された実習先は，アルコール依存症の男性 50 名が暮らす生活保護の施設でした。

　そこは，お酒に呑まれて，仕事も家族も，住まいもお金も，すべてを失って社会からはじき出された男たちが，それでも何とかもう一度社会に戻ろう

と，もがく姿を見守るところでした。

　こんな人たちがいたのか，こんなところがあったのか，という驚きはもちろんなのですが，毎日くり返されるミーティングで，締めに必ず唱えられていたのがこの祈りでした。アルコール依存症とは，まさにこの祈りの反対で，生き方などの変えられるものを変えようとすることなく，飲酒のコントロール喪失といった変えられないことを変えようとしてあがくことだからです。

　こうして出会ったこの祈りは，個人的にですが，どこか琴線にふれ，今に至るまで静かな道しるべとなっています。

　いずれにせよ，この祈りで人々の営みがどこまで読み解けるのだろうかという問いを抱えながら，本書を書き進めました。その際に，考察の中心に位置づけたのが，「A＝非A」という，非合理そのものを表す異形の式でした。

　「コラム12」でもふれましたが，おそらく，救いをテーマとする宗教の多くは，何らかの形で非合理を見すえることから始まっています。というのも，人を超えた大いなる何かが，わざわざ，みすぼらしい「このわたし」を，救いとってくれるなどというストーリーを合理的に語ることなど，そもそもできるはずもないからです。

　しかし，非合理だからこそ，そこに信仰が成り立ち，救いがおとずれます。「とるにたらないわたし」が，そのままで，「かけがえのないわたし」になります。

　とはいえ，「A＝非A」は，たしかに簡潔ですが，そのぶん貧相で，奥深さが感じられません。「それを言ったらおしまい」というような品位のなさをただよわせており，とても魅力的とは言えないために，いかなる宗教も採用することはありません。

　しかし，たとえ森厳な宗教にはふさわしくないとしても，福祉を説明する際の使い勝手は，それほど悪くはありません。変な奥深さがないからこそ，シンプルで明快です。

　ただし，好悪いずれにしても，一度登りきったら，もはや投げ棄てるべき

ハシゴにすぎません。まずは，この式によって，非合理な福祉の論理をイメージすること。そして，非合理こそは，現実に対するわたしたちの受けとめ方，すなわち「意味」を豊潤にし，「かけがえのなさ」を通じて，心にうるおいを与えてくれる源泉であると確認すること。それらができれば，このぶしつけな式の役目は終わります。

　この「Ａ＝非Ａ」という式がふと浮かんだのは，もう 10 年以上前のことで，さらに，初めて公にしたのは，前書『援助者が臨床に踏みとどまるとき』（2015 年刊）においてでした。ただ，そのときは，この式を遠くから眺めた程度でしたが，その後も折にふれてこの式の意味するところを考え，本書では，もう何歩か近づけたと思います。

　その御縁から，本書もまた，同じく誠信書房の中澤美穂さんの手をわずらわせることになりました。演繹的に論理を積み上げていくなどというと聞こえがいいのですが，エビデンスに基づかないぶん，短絡的な独善や恣意的な飛躍を払拭することが困難になります。ともすれば，市場ルールのように，暴走してしまうのです。それに対して，適度なブレーキをかけていただくことで，かなりとがっていた文章もずいぶんまろやかになり，いまだに引っかかりの残る箇所もあるかと思いますが，それでも何とか筋が通って読めるようになったのではないかと思っています。こころより感謝申し上げます。

　　2022 年 6 月

稲沢公一

著者紹介

稲沢公一（いなざわ　こういち）

1960 年京都に生まれる。
1997 年東洋大学大学院社会学研究科社会福祉学専攻博士後期課程修了
現　在：東洋大学ライフデザイン学部教授
専　攻：理論福祉学，精神保健福祉論
主著書：『社会福祉をつかむ』（共著）有斐閣 2008，『援助者が臨床に踏
　　　　みとどまるとき』誠信書房 2015，『援助関係論入門』有斐閣
　　　　2017

福祉の論理
── 「かけがえのなさ」が生まれるところ

2022年 8 月30日　第 1 刷発行

著　者　稲　沢　公　一
発行者　柴　田　敏　樹
印刷者　田　中　雅　博

発行所　株式会社　誠　信　書　房
〒112-0012　東京都文京区大塚3-20-6
電話 03（3946）5666
http://www.seishinshobo.co.jp/

© Koichi Inazawa, 2022　　Printed in Japan　　印刷／製本　創栄図書印刷
検印省略　　落丁・乱丁本はお取り替えいたします
ISBN978-4-414-60165-7 C3036